交界译丛

虚无主义

Nihilism

〔荷〕诺伦·格尔茨 著

张红军 译

Nihilism by Nolen Gertz

Cambridge, MA: MIT Press, 2019

© 2019 Massachusetts Institute of Technology

中文版译自麻省理工学院出版社2019年版

中译本序言

如果允许我用一个关键词来描述我们这个时代，我会选择"虚无主义"这个概念，因为我们仍然身处现代性的时代，而"虚无主义是现代性的精神本质"[①]。

虚无主义作为概念最早出现在18世纪，在19世纪发展成为社会思潮，在20世纪更是风起云涌，渗透到了社会生活的各个方面。而到了21世纪，虚无主义俨然成为我们所面临的最大难题。也许会有人认为我是危言耸听，在他们看来，人类文明已经走上现代化的道路，因为不断地发展、进步和创新而能够保持生机勃勃，也因此能够摆脱生老病死的周期循环。但是，人类文明从传统到现代的"进步"

---

① 刘森林：《虚无主义批判译丛总序》，载斯坦利·罗森：《虚无主义：哲学反思》，马津译，上海：华东师范大学出版社2019年版，第1页。

是有代价的。其中，最沉重的代价就是虚无主义。

某种意义上可以说，虚无主义是和尼采的名字紧密联系在一起的。我们都知道他的名言："虚无主义站在门口了：我们这位所有客人中最阴森可怕的客人来自何方呢？"[1]就此而论，我们和尼采，或者说尼采和我们，乃是同时代的人。显然，虚无主义在这个历史时刻出现在我们面前并非偶然。在我看来，其主要原因是轴心时代的没落，是原本被视为理所当然的一系列价值观念出现了问题。按照雅斯贝尔斯的轴心时代理论，在公元前800—前200年这几百年的时间里，人类各大文明相继构建起各自的核心理念，如希腊的哲学、中国的先秦诸子百家、印度的奥义书和佛陀、伊朗的琐罗亚斯德以及巴勒斯坦的犹太先知等等。雅斯贝尔斯的轴心时代理论虽然有很多值得商榷的地方，但仍然不失为一种解读人类文明的理论框架。它认为轴心时代的起因是人类开始意识到整体的存在、自身和自身的限度："人类体验到世界的恐怖和自身的软弱。他探寻根本性

---

[1] 尼采：《尼采著作全集（1885—1887年遗稿）》，孙周兴译，北京：商务印书馆2014年版，第147页。

的问题。面对空无,他力求解放和拯救。通过在意识上认识自己的限度,他为自己树立了更高的目标。他在自我的深奥和超然存在的光辉中感受绝对。"[1]过去我把轴心时代的问题解释为虚无主义的挑战,现在我会在"虚无"和"虚无主义"之间做一区别:人类文明面对"虚无"而为自身寻求安身立命的基础和根据,但也由此产生了"虚无主义"问题。

轴心时代形成的文明理念固然具有多重作用:它是关于世界的某种合理性的解释,是维系一种文明之整体性的价值观念,也是个人安身立命的基础和根据。然而,这些价值观念毕竟只是极少数圣贤的"发明"或"创造",绝大多数人则浑浑噩噩、懵懂无知,往往把这些价值观念视为天经地义、自然而然的客观存在或永恒之物。在一个相信传统、依赖传统的社会中,这些价值观念通常很少引起人们的怀疑,即使有人怀疑,也只是导致对既有价值观念的修补和完善而已。然而,近代以来从西方社会传播出去的

---

[1] 雅斯贝尔斯:《历史的起源与目标》,魏楚雄、俞新天译,北京:华夏出版社1989年版,第8—9页。

各种思想革命、科学革命、工业革命和政治革命等等，最终导致全世界从传统社会向现代社会的转型。人类文明从此开始被无限开放的未来指引着，迈向发展、进步与创新的方向。正是在这一转型过程中，轴心时代形成的传统价值观念逐渐失去对社会生活的影响力，人类个体也逐渐丧失安身立命的基础和依据。不仅如此，人类个体还逐渐认识到，他们曾经依赖的价值观念不过是少数圣贤的发明创造，而被这些发明创造所遮盖的，是圣贤们早已发现的生命/生活的虚无本性。正因为如此，我认为虚无主义从人类文明一开始就存在，它因为传统价值观念的阻击而蛰伏了两千多年，但最终还是在尼采所处的19世纪开始"显山露水"，并在今天完全、充分地暴露出来。

不仅如此，某种意义上我们也可以说虚无主义隐含于人的"本性"之中。用海德格尔的话来说，人是一种居于存在与存在者"之间"的存在者，即"此在"（Dasein）。存在是一切存在者的基础。但只有此在既是存在者，同时又是能够"去存在"（to be）的存在者。这意味着唯有人可以追问自己的存在，而且存在只有通过人这种存在者才能呈现出来。然而因为只有存在者是看得见的，存在在呈现为存在者的时候隐而不显,所以看起来人在追问存在而实际上追问的是存在者,也就是始终把存在当作存在者来把握。海德格尔称之为"存在的遗忘"。如果说存在是人的"本性",那么可以说人始终在遮蔽着自己的"本性"。海德格尔因此写道:"但真正的虚无主义是在什么地方活动呢?在人们缠住熟悉的存在者不放的地方;在人们以为只要一如既往、按照现在时兴的样子去抓住存在者的地方。这样,人们就把存在问题拒之门外,把存在当作一个'绝无'(nihil)来对待,而这个无,只要它在那儿,它就以某种方式'是/在'。把这个存在忘得精光,只知道去追逐存在者,这就是虚无主义。"[①]就此而论,虚无主义就植根于人的"本性"之中,当他去思自己的本质即存在的时候,存在对他来说相当于虚无,所以无从思起,而他以为把握到的存在始终只是存在者。

如果读者诸君阅读了《虚无主义》这本书,一定会发现海德格尔意义上的虚无主义,与本书作者诺伦·格尔茨

---

① 海德格尔:《形而上学导论》,王庆节译,北京:商务印书馆2015年,第232—233页。

意义上的虚无主义是不同的。的确,虽然我还没有说几句话,也已经在好几种含义上使用虚无主义这个概念了。但如果怎么说都是虚无主义,那么虚无主义这个概念也就失去意义了。鉴于我们这个时代充斥着虚无主义的问题,所以尽管虚无主义的概念很难澄清,我们也不能放弃这项工作。就此而论,诺伦·格尔茨的《虚无主义》就是一本试图澄清虚无主义概念的好书。我说它是一本好书,并不意味着我一定同意它的观点。在我看来,一本好书的标准是能否在有限的篇幅里,条分缕析地把一个复杂混乱的问题说清楚;即使问题说不清楚,也能够把为什么说不清楚说清楚。显然,《虚无主义》就是这样一本书。正是这本书使我意识到,我过去在使用虚无主义概念的时候究竟有多混乱。我并不是说我现在就很清楚了,而是说至少我明白了我会产生混乱的原因。当然其中一个非常重要的原因是,虚无主义概念本身就是富于歧义的,甚至是自反性的。

就某种意义而言,本书第一章就是从分析虚无主义这个概念的歧义性开始的。仅就虚无主义(nihilism)这个概念的字面意义而论,它是"关于虚无的意识形态",也就是说某人"相信虚无"。说某人相信虚无,等于说某人相信某物。但如果某物只是虚无，那么就不存在被相信的东西。在这种情况下，相信虚无就是一种自我反驳的观念。另外，在日常生活中，当有人问我们正在做什么时，我们经常会说"什么也没做"。这句话的意思当然不是字面意义上的"做虚无之事"，而是在暗示自己在"做不值得一提的事情"。但是，如果我们频繁花费时间做不值得一提的事情，那么这句话就可能意味着我们的生活本身不值得一提，意味着我们不愿做任何事情，意味着我们相信"生活就是虚无"，意味着我们是虚无主义的。还有，如果我们相信生活是有意义的，但又觉得自己是在浪费生命做不值得一提的事情，那么我们的行为就揭示了那让我们觉得生活有意义的信仰本身是虚无主义的。最后，一个自以为是、自以为真理化身的人，会用虚无主义指控他人，会说他人所信仰的东西不值一提，就是虚无。然而，被指责者同样可以指责那个自以为是的人才是虚无主义者，因为他什么都不相信，只相信虚无。如此一来，虚无主义就变成了可以互相指责的"罪名"：无神论者被称为虚无主义者，因为他们不在乎信仰；宗教人士被称为虚无主义者，因为他们不在乎事实；保守派被称为虚无主义者，因为他们不在乎社会进步；改革派被称为虚无主义者，因为他们不在乎社会规范；素食主义者被称为虚无主义者，因为他们不在乎农业工人；肉食主义者被称为虚无主义者，因为他们不在乎家畜……

显然，充满如此多歧义的虚无主义概念一定会令人无所适从。为了确定虚无主义究竟意味着什么，本书第二章开始追述从苏格拉底、笛卡尔、休谟、康德到尼采的虚无主义历史。由于主张"未经检验的生活不值得一过"的苏格拉底尝试让他人不相信一切，从而反过来受到这些不相信一切的人的指控，所以虚无主义的历史实际上可以追溯至苏格拉底。笛卡尔和苏格拉底一样鼓励他人质疑并拒绝他们的信仰的基础，因而也是一个反虚无主义者。只不过于苏格拉底是用虚无主义指控他人的反虚无主义者，笛卡尔则是一个用虚无主义指控自己的反虚无主义者。不同于苏格拉底把幻觉与实在之间的战争呈现为未启蒙者与启蒙者之间的战争，笛卡尔把这一战争呈现为他自己渴求幸福的欲望与渴求知识的欲望之间的战争；不同于苏格拉底用物理世界之上的理智世界来帮助人们摆脱幻觉，从而主张与虚无主义斗争的关键在于从物理世界逃入理智世界，笛卡尔用位于他自身之内的理性来摆脱幻觉，从而主张与虚无主义斗争的关键在于从意志的努力逃入科学的确定性。笛卡尔尝试在因果关系概念之上建立科学的确定性，但休谟的彻底怀疑论证明因果关系概念本身的不确定性，从而证明笛卡尔乃至苏格拉底克服虚无主义的努力的不可能性。于是，休谟不再和虚无主义做斗争，而是拥抱虚无主义，因为后者是一种安慰，一种让人保持安全的途径。但是通过一场思维方式上的哥白尼式革命，通过主张经验的塑造性而非给予性，康德回应了休谟的怀疑论，继续着苏格拉底和笛卡尔克服虚无主义的努力。不过，如果说康德让我们远离了"认识论虚无主义"（即相信知识的不可能）的话，那么康德又让我们接近了"生存论虚无主义"（即相信生命是没有意义的），而他用以回应生存论虚无主义的道德哲学，又打开了"政治虚无主义"（即相信传统人类价值观念的不足取，因为它们有悖于真正的人类自由）的大门。正是在政治虚无主义的思想背景中，尼采开启了他怀疑、否定和摧毁一切支配文化、宗教、哲学、艺术和科学的传统价值观念的思想使命。在他看来，这些价值观念的本质都是虚无主义，都逃避了"作为一个人意味着什么"这个至关重要的问题。逃避的方式众多，但它们根本上都是压制的结果，而为了在文明社会中生活，为了在和平中而非恐惧中生活，我们又需要这种压制。

要确定虚无主义一词所要表达的最重要的内涵，除了思想史的分析，还需要相关概念的比较分析。本书第三章的任务，就是把虚无主义与悲观主义/乐观主义、犬儒主义/理想主义以及无动于衷/同情三组概念做比较。在作者看来，虚无主义相关于逃避现实而非直面现实，相关于相信另一个世界而非接纳当下这个世界，而且相关于尝试让我们自己感觉有力而非承认我们的虚弱。虚无主义因此更接近于乐观主义、理想主义和同情，而非悲观主义、犬儒主义和无动于衷。而且，作者还发现悲观主义、犬儒主义和无动于衷有助于我们把虚无主义视为对这些生活方式的否定，有助于引领人们追求更为积极的生活方式。这样的结论暗示着，比起一种主张生命/生活没有意义的哲学，一种主张生命/生活具有意义的哲学似乎更接近于虚无主义。也就是说，像叔本华在《作为意志和表象的世界》一书中所呈现的那种通常被视为虚无主义的哲学，反而更加有助于我们直面当下的世界，直面我们虚弱无力的事实，从而更加有助于我们团结起来共同改造现实世界，让它变得有意义起来。

与第三章从"反面"分析"虚无主义不是什么"相呼应，本书第四章从"正面"分析"虚无主义是什么"。在《荒诞的幽灵：现代虚无主义的根源与批判》中，唐纳德·克罗斯比把虚无主义规定为一种否定或拒绝的态度，并把它区分为政治虚无主义、道德虚无主义、认识论虚无主义、宇宙论虚无主义和生存论虚无主义等五种类型，还认为前四者最终又会不可避免地归于生存论虚无主义，即一种否定生命/生活意义的态度，因为前几类虚无主义都不过是在否定人类生命/生活的某一重要方面。但在格尔茨看来，否定生命/生活的意义并不是虚无主义，相反，发现生命/生活的无意义还能一如既往地苟活下去，才是虚无主义。在这一章中，他层层深入地探讨了这种虚无主义的四种表现方式，即"虚无主义作为拒绝""虚无主义作为对死亡的拒绝""虚无主义作为对意义之死的拒绝"和"虚无主义作为对童年意义死亡的拒绝"。在分析哲学家詹姆斯·塔尔塔利亚那里，虚无主义被定义为拒绝相信生命/生活本身是有意义的，但这个事实对大多数人来说并非必须要被克服的危险，而是可以被轻易忽视的东西：他们很容易就能够抛开虚无主义所导致的无聊和焦虑，并且重新沉浸在自己的日常生活中。然而在尼采看来，这种应对虚无主义的方式，恰恰是虚无主义的，因为这种方式轻易就拒绝了让人无聊和焦虑、必然要直面的问题，即做一个人究竟意味着什么，生命/生活究竟意味着什么。海德格尔的追随者、存在主义哲学家萨特，把虚无主义进一步定义为对死亡的拒绝。对死亡的拒绝，就是对责任和自由的拒绝，就是不敢直面这一事实，即作为一个人意味着我们是绝对孤独的，只有我们自己能够赋予我们的生命/生活以意义。在后现代主义者利奥塔那里，叙事、观念与价值这些我们用来赋予生命意义的东西，都是空洞的贝壳或遮蔽虚无的织物（请允许我用"皇帝的新衣"做一个不恰当的比喻：传统哲学致力于为皇帝编织新衣；存在主义向世人宣告这些编织物无效，因而皇帝没穿衣服；后现代主义则嘲弄道，衣服倒是有，但皇帝不存在），都是人类实践的产物，而非客观存在的永恒之物。于是在利奥塔看来，坚持被给予的意义而不质问意义的给予性的基础主义，拒绝意义已经死亡的基础主义，就是虚无主义的。在波伏娃那里，虚无主义被进一步定义为对童年意义已经死亡的事实的拒绝。儿童生活在一个被成人所造就的世界里，一个只需要认识和遵守既定规则的既定世界里。但当儿童长大成人时，他们逐渐发现世界不是既定的，没有永恒的权威和不变的规则，从而没有终极性的意义；他们也发现自己是必须自由的，是必须通过自己的行动才能获得自己生命/生活的意义的。如果他们不愿承认这一事实，不愿主动创造意义，甚至通过毁灭自由的方法毁灭焦虑，那他们就是虚无主义的。

如果虚无主义是对生命/生活毫无意义这一事实的拒绝，那么这种虚无主义存在于何处？可以说无处不在。虚无主义可以在电视上、教室里、工作中和政治事务中被发现，而这就是本书第五章要讨论的问题。既然虚无主义来自摆脱对自由的焦虑的欲望，那么为我们提供娱乐、舒适和消遣的当代通俗文化就在帮助我们成为虚无主义者。坐在沙发里，对着屏幕观看程式化的情景喜剧，可以说是在伪生活中伪经历着一种伪现实。屏幕为我们提供了一种逃离真现实的方法，而为了避开现实紧盯屏幕已经成为现状。这种情况不仅存在于家庭之中，还存在于教室之中——老师要求学生停止观看他们各自手机的屏幕，而去观看老师挂在教室前方的屏幕。教师这种要求的背后，是一种教育的银行化，即教师把信息的货币存入学生的心灵。很明显，这种模式要求服从和墨守成规，反对创造性和多元性。但正如尼采所警告的那样，这种模式有助于社会维持现状，但不利于社会的未来。同通俗文化所提供的娱乐和消遣一样，这种教育模式能够让生活变得更容易和更稳定，但由于逃避了必需的挑战和不确定性，这种教育模式也是虚无主义的。根据马克思的异化劳动分析，格尔茨发现虚无主义也存在于工作中。人类劳动最初对个人的身份认同，继而对共同体的形成，都是很重要的因素。但是由于劳动分工的出现，劳动者和他的劳动产品完全脱离，也就完全脱离了他们的身份和共同体，于是乎劳动者的劳动成了纯粹赚钱的途径，而消费成了劳动者身份的新的根据。为了赚到更多的钱，为了能够负担得起马克思所谓"吃、喝、生殖"的动物性需要，劳动者最好在工作时能够做一个活死人，因为只有这样才可以逃避工作的无意义性。工人明明知道工作的无意义性，还能够接受这种无意义的现实，这是因为工人生活在一种虚无主义的体制中，并让工人对虚无主义的接受永恒化。在汉娜·阿伦特看来，这种延伸至家庭、学校和工作场所等人类生活方方面面的虚无主义体制,是不可能通过个人在道德或形而上学层面的努力来克服的,而必须通过所有人在政治层面的共同努力来克服。回溯古希腊时代的政治,阿伦特认为政治最初意味着自由,意味着成为人,意味着免受无意义的家庭活动之苦(它们由奴隶来承担)的共同体所有成员(所有户主),通过集会上的讨论达成共识,从而为生命/生活的意义确定依据。但是,柏拉图用学园中少数人的真理替代了集会上多数人的共识,用学术自由替代了政治自由,从而也使政治活动降格到家庭活动的水平,变成受非人的东西(自然或他人)强制的无意义活动,最终同样沦为虚无主义体制的一部分。

第五章的讨论让我们发现,虚无主义体制或体制性的虚无主义正在让世界充满非世界性,正在让我们的生命/生活沙漠化。虚无主义俨然成了我们这个时代最大的难题。作者于是在这一章探讨克服虚无主义的可能性。在第五章结尾,格尔茨已经指出,尼采主张克服虚无主义的关键在于改变个体心灵,在于个体从虚弱的末人变成强健的超人。但是在阿伦特和格尔茨看来,如果被迫远离彼此、被迫进入我们自己内部是虚无主义产生的原因,那么对虚无主义的个人回应就永远不可能克服虚无主义,且只会有助于虚无主义的永恒化。

在第六章中,格尔茨通过引用波伏娃对美国个人主义的批判性分析进一步指出,一种把个人主义和自治理想化为个人幸福的关键的体制,会让生活在这体制中的个体把压迫、不幸以及死气沉沉的生活当作个人感受来处理,会让个体用改变自己的欲望而非改变这一体制的方式来回应这种感受。如果我们还抱着逃离沙漠的希望的话,就不应该执着于个人的幸与不幸,而应该重新和其他个体接触,也就是重返古希腊的政治,重新把政治作为自由空间而非实现自由的手段,重新寻找共识而非选票,以期共同克服虚无主义。但是,虚无主义的体制不仅是政治性的,还是技术性的。根据海德格尔和社会学家雅克·埃吕尔的技术分析,格尔茨指出技术进步不仅没有阻碍反而推动了虚无主义的发展,因为技术进步为个体不断提供着逃避现实的新方式(原来是天堂、地狱这样的虚幻世界,现在是类似于《哈利·波特》中的魔法世界)。技术进步并非革命性的,而是完全保守性的,它虽然创造了一个技术化的世界,但支配这个新世界的仍然是旧价值,它通过持续提供新的逃避现实的方式,不断干涉着我们过一种自治生活的能力,理性思考的能力，以及把我们相信为真的东西作为决策基础的能力。虚无主义体制的技术性和技术的非革命性似乎决定了这种体制不可能被克服。但正是因为技术的非革命性，技术才能帮助我们战胜虚无主义。正如海德格尔所言，技术的本性是解蔽。如果技术无助于创造新价值，那么由技术产生的虚无主义将有助于向我们解蔽这些旧价值的虚无主义本性。正如格尔茨所言："我们生活在一个技术化的世界，一个实现了启蒙梦想的世界。发现这个世界变得越来越虚无主义，就是去发现这些梦想实际上是噩梦，我们需要在为时已晚前从这些噩梦中醒来。"

细心的读者会发现，本书每一章的标题都是一个问句："为什么'一切都无所谓'有所谓？""何谓虚无主义的历史？""虚无主义（不）是什么？""虚无主义是什么？""虚无主义在何处？""何谓虚无主义的未来？"显然作者是在设问，然后尝试从不同的角度和方面来回答虚无主义问题。当然，这并不意味着虚无主义问题已经得到了彻底的解决。也许虚无主义已经、正在而且必将伴随着人类文明始终。从某种意义而言，虚无主义有可能是人类走向文明必须承受的最严重的代价。

《虚无主义》的译者张红军先生让我就这本书写几句话，谢谢他的邀请和信任，遵嘱为序。

张志伟

2021年2月4日

庚子腊月廿三，小年夜

目 录

第一章　为什么"一切都无所谓"有所谓？　1

第二章　何谓虚无主义的历史？　15

第三章　虚无主义（不）是什么？　63

第四章　虚无主义是什么？　79

第五章　虚无主义在何处？　117

第六章　何谓虚无主义的未来？　171

词汇表　199

注　释　203

参考文献　211

延伸阅读　217

索　引　219

1

第一章 为什么"一切都无所谓"有所谓?

"我敬重虚无主义"

1881年6月30日,马萨诸塞州一位70岁的演说家、作家和废奴主义者温德尔·菲利普斯,出席了哈佛大学为全美大学优等生联谊会举办的一百周年大会,并发表了一篇演讲。自1837年菲利普斯在波士顿法纳尔厅发表演说,为废奴主义热情辩护之后,他就开始以演讲术闻名于世[①]。事实上,菲利普斯是如此受人敬重,以至于1884年他去世后不久,就有明尼阿波利斯的一个街区、芝加哥和华盛顿特

---

① 法纳尔厅(Faneuil Hall)是美国马萨诸塞州波士顿市的旧市场大楼和公共会堂,在独立战争中是革命者聚会的场所,因此又被称为"自由的摇篮"。——译者注。本书页下注均为译者注,后不另注。

区的一些学校，以及塔夫茨大学和哈佛大学的一些奖项以他的名字命名。波士顿公共花园还为他竖立起一尊雕像。雕像的底座上刻着这样的文字，表彰温德尔·菲利普斯是"自由的先知"和"奴隶的斗士"。

然而根据当时的报道，温德尔·菲利普斯1881年发表在全美大学优等生联谊会的演讲，并没有获得联谊会成员们的好评。据说这篇演讲"对哈佛人的耳朵而言过于诡异——它是邪恶且堕落的"[1]。究其原因，或许就是菲利普斯在这场演讲中展开了如下讨论：

> 虚无主义是遭受铁律碾压的人们正当而可敬的反抗。虚无主义是生命的证词……是无法呼吸的和被束缚的受害者们最后的武器，是最高层次的反抗。它是受压迫的人们让压迫者颤抖的唯一途径。……我敬重虚无主义，因为它能够让人性免于受人性本恶的怀疑，这种怀疑来自无情的压迫者和得过且过的奴隶。……这也是身为1620年和1776年①之子的美国人，

---

① 1620年，运载第一批美国移民的"五月花号"抵达北美殖民地；1776年，北美殖民地宣布独立。

对于虚无主义唯一应该采纳的观点——其他任何观点都会动摇并困扰我们这个文明的伦理。[2]

今天,即使我们并没有"哈佛人的耳朵",我们可能也会觉得这个演讲的怪异、邪恶与堕落:为何有人不仅**为虚无主义辩护**,甚至认为,对于虚无主义,一个美国人"唯一应该采纳的观点"是虚无主义"正当而可敬"?

尽管知道菲利普斯指的是发生在俄罗斯的那场由自称为"虚无主义者"的激进分子发起的政治运动,似乎有助于澄清他的主张,但这一事实其实也只能让情况变得更加令人困惑。俄国虚无主义者寻求推翻被他们视为压迫性的和专制性的政权。从这一点上,我们可以看到一个废奴主义者为什么会支持他们。但是,他们实现这一目标的计划,是先摧毁整个社会,然后在废墟上重建一个新社会。这些虚无主义者首先尝试通过宣传教育来摧毁传统的社会实践和价值——如私有财产、婚姻和宗教——继而摧毁社会。但当仅仅靠鼓吹并不管用时,他们就搞起了暗杀。多次尝试行刺沙皇亚历山大二世无果后,他们最终于1881年3月13日——也就是菲利普斯演讲的三个多月前——获得成功。

我们日常语境下的虚无主义和俄国虚无主义所表达的并不是完全相同,但也并非完全不同。我们今天使用"虚无主义"一词时,似乎并不用担心有人会试图杀死沙皇。但我们可能确实会担心人们是具有破坏性的、是反社会的,至少是愿意使用暴力达到其破坏性、反社会性目标的。我们甚至会预料,如果有人在为虚无主义辩护,那么这个人很可能是红迪网[①]上的一个"喷子",而非一个年届七十、能站上哈佛讲台的受人尊敬的公众人物。还有,即使有人像温德尔·菲利普斯那样发表了这样一篇为"虚无主义"热情辩护的演讲,我们也应该重新思考我们关于"虚无主义"的先入之见,尤其考虑到有那么多东西仍然以这位为怪异、邪恶和堕落之物辩护的温德尔·菲利普斯来命名。

"什么都不做"

虚无主义(nihilism),就像"时间"(根据奥古斯丁)或"色情作品"(根据美国最高法院)那样,是这样一种

[①] 红迪网是美国著名社交网站,主张提前于新闻报道发声。

概念：我们全都非常确定自己知道它们的意思，除非有人要我们给它们下定义。*Nihil*意味着"虚无"（nothing），*-ism*意味着"意识形态"（ideology）。但当我们尝试把这两个术语合并时，合并的结果似乎立即拒绝了它自身，因为虚无主义是"关于虚无的意识形态"（ideology of nothing）。这一观念看上去是无意义的，除了意味着某人"相信虚无"，实在没有更多的作用：相信某物意味着存在某种可以被相信的东西，但是如果**某物**只是**虚无**，那么就不存在被相信的东西，那么相信虚无就是一种自我反驳的观念。

当"无所谓大师"的"哲学家"、喜剧演员杰瑞·桑菲尔德在情景喜剧《桑菲尔德》[1]完结后首次在《大卫深夜秀》[2]中表演脱口秀时，他定义了这一问题。桑菲尔德这样开场：

---

[1] 《桑菲尔德》又译作《宋飞正传》，美国20世纪90年代最受推崇的情景喜剧，由杰瑞·桑菲尔德自编自演，总共180集。《桑菲尔德》与其他情景喜剧最大的区别在于它是"A show about NOTHING"，即没有主题、没有主线。每集故事自成一体，主要情节即是四位主要人物的日常生活、工作、异性关系等等，笑料也在这其中铺设。参见https://movie.douban.com/subject/1418198/。

[2] 《大卫深夜秀》是美国哥伦比亚广播公司（CBS）的著名脱口秀节目，由大卫·莱特曼（David Letterman）主持。该节目频繁采用情景喜剧式的方法对时事热点进行幽默评论。

第一章 为什么"一切都无所谓"有所谓？

5　　　问题是这样的：我正在做什么？每个人都对我说：“嘿，你不再演戏之后，你在干什么？"我会告诉你我在做什么：什么都不做。什么都不做（Doing nothing）并不像看上去的那样容易。你必须小心。因为一定要做点儿什么的想法，很容易导致我们真的去做某事。这只会打断你的无所谓，也会迫使我不得不放弃一切。[3]

只要我们尝试谈论"虚无"（nothingness），它就会立即成为某种东西（somethingness）。然而，我们每时每刻都在谈论无意义。"你最近忙啥？""没做啥。（Nothing.）"像这样的对话是如此常见，以至于它已经成为某种条件反射，因为我们总是用"没做啥"来回答如此寻常的问题。

但对大多数人来说，这样一个答案不应该是虚无主义的范例。虚无主义被假定是某种黑暗的东西，某种消极的东西，某种破坏性的东西。可是说什么也没有做，实在太平常不过了，因为每个人都知道你并非真的无所事事。诚如桑菲尔德所认为的那样，这几乎是不可能的，而只是在暗示你**在做不值得一提的事情**。然而，如果我们确实像我已经指出的那样，在频繁进行这样的对话，那么这意味着我们在频繁浪费我们的时间做不值得一提的事情。而且如果我们花费了如此多的时间做不值得一提的事情，那么这样的对话很可能就会非常接近于我们所认为的虚无主义，很可能意味着我们的生活不值得一提，意味着我们没有为自己的生活做任何事情，意味着我们就是虚度人生，意味着我们浑浑噩噩。

在这一意义上，浑浑噩噩并不会要求我们对虚无抱有一种特别的信仰，而是说我们正在抱着"生活不值得"的想法过日子。但虚无主义是"关于虚无的意识形态"。这不意味着我们要坚守一种关于虚无的可辨别的信仰体系，而意味着我们所拥有的信仰或我们认为我们拥有的信仰，就等同于一切都无所谓。比如说，如果我们相信生活是有意义的，但我们又浪费了生命去做不值得一提的事情，那么我们的行为就揭示了我们关于生活的信仰不值得一提，揭示了这种信仰的无价值，揭示了它不能激励我们去做某种事情，而不是什么事情都不做。

正是在这里，我们发现了虚无主义为何通常被视为黑暗、消极和具有破坏性的。因为如果我们把某个自以为是的（self-righteous）人——想想霍尔顿·考尔菲德、霍华德·比勒或丽莎·辛普森①——视为会用虚无主义指控他人的人，会说他人以虚无主义的方式生活，那么这个自以为是的人就会相信其他人都是浑浑噩噩的。于是，一个自以为是的个体也是一个批评者、怀疑者和异端分子，被其他人重视的东西在他眼里就是毫无价值。也正因为如此，自以为是者常与装模作样、自命不凡和自视甚高等情结相关联。而且正是这种把他人的信仰贬低到一文不值的行为，导致他人把这些自以为是者——他们不仅不会分享他人的信仰，还会主动拒绝——视为没有信仰的人。

　　成为一个自以为是者，就是把正常的、公认的和普遍的东西视为虚无主义的、无关紧要的和无意义的。但指控他人是虚无主义的，也会被他人视为真正虚无主义的，视为真正的虚无主义者。正如我们将要看到的那样，"做一

---

① 霍尔顿·考尔菲德，应该是杰罗姆·大卫·塞林格（Jerome David Salinger）的小说《麦田里的守望者》（*The Catcher in the Rye*）的主人公，美国当代文学中最早的反英雄形象之一；霍华德·比勒，应该是1976年播出的美国电视剧《电视台风云》（*Network*）的主人公；丽莎·辛普森，应该是美国动画片《辛普森一家》（*The Simpsons*）中的人物。

虚无主义是"关于虚无的意识形态"。这不意味着我们要坚守一种关于虚无的可辨别的信仰体系,而意味着我们所拥有的信仰或我们认为我们拥有的信仰,就等同于一切都无所谓。

———————————————————

个虚无主义者究竟意味着什么"的困惑,非常重要。比如,当我们谈及尼采时就是这样。因为他批评身边一切被他视作虚无主义的人或事,同时自称虚无主义者,这导致人们批评尼采鼓吹虚无主义。我们需要区分由虚无主义者践行的**虚无化**倾向,和由自以为是者践行的**虚无化**倾向。虚无主义和自以为是在破坏性这方面是彼此类似的,但它们在破坏的方法和目的上却是相互对立的。

在自以为是者和社会中其他人之间爆发了信仰的战争。但是这样的战争即使发生,通常也会非常短暂。因为就像战争中经常发生的那样,数量上占据绝对优势的一方会横扫数量上处于劣势的一方。这还不包含如下情况,即自以为是者更多时候会被社会完全忽视,而不是被消灭。我们只需要想象某个人在购物中心的中央,突然朝着购物的人群莫名其妙地大呼小叫就够了。尽管其他人肯定会停下来看看发生了什么事情,但应该鲜有人会参与什么关于消费主义的辩论,或者为在购物中心花费时间和金钱辩护。人群只会失去对这一场景的兴趣,重新开始悠然自得的购物活动。

但是,自以为是者在发现直接的对峙难以导致变革时，很可能就会诉诸任何现有的媒介来散播他们的批评、怀疑和离经叛道的观点。正是这一原因，我们才能够看到，为什么会随着传统媒体被社交媒体所取代，大呼小叫被发推特所取代，虚无主义开始成为越来越受关注的话题。自以为是者先前的成功，依赖于人们因社会、经济和政治状况去质疑现状。随着收音机、电视，当然还有互联网的出现，**对现状的质疑已经成为现状。**

现在，质疑现状、对抗体制和挑战既有权力，不再受到嘲笑，而是值得称赞的。如果政治专家们存在某种共识的话，那么就是任何被普遍视为"搅局者"的候选人最有可能获胜。与此同时，虚无主义者已经成为通俗文化（pop culture）的骨干，因为像《桑菲尔德》《真探》这样的电视剧和《了不起的勒布斯基》[①]这样的电影，已经把虚无主义者变成偶像，已经把无意义变成财富密码。现在反文化反而会被文化所拥抱。

当虚无主义者变得越来越受欢迎之时，指控他人是虚

[①] 《真探》是美国家庭影院频道（HBO）发行的多季电视剧。参见http://movie.mtime.com/164260/；《了不起的勒布斯基》是一部非主流的现实主义喜剧电影。参见https://movie.douban.com/review/8640521/。

第一章　为什么"一切都无所谓"有所谓？

无主义者的倾向也似乎越来越普遍。"虚无主义！"这一指控现在频繁出现，从教室、社交媒体、报纸评论到有线新闻节目，几乎无所不在：无神论者被称为虚无主义者，因为他们不在乎信仰；宗教人士被称为虚无主义者，因为他们不在乎事实；保守派被称为虚无主义者，因为他们不在乎社会进步；改革派被称为虚无主义者，因为他们不在乎社会规范；素食主义者被称为虚无主义者，因为他们不在乎农业工人；肉食主义者被称为虚无主义者，因为他们不在乎家畜……

但这些倾向似乎相互矛盾；怎么可能在自以为是者变得大受欢迎的同时，虚无主义也变得如此大行其道呢？如果自以为是者是虚无主义的敌人，那么为什么一种自以为是的文化会把那么多虚无主义者推上电视屏幕或者送入白宫？这究竟是革命还是虚伪？当下这波自以为是的浪潮，真的只是指控他人是虚无主义者的借口，而不在乎虚无主义究竟意味着什么吗？本书试图回答的，正是这些问题。因为如果我们学会辨认虚无主义的多种类型，那么我们就能学会区分什么是有意义的，什么是无意义的，而这两方面既关乎他人，也关乎我们自己。但要想开始这种区分，我们当然必须暂时搁置以下问题，即是否存在某种确实是有意义的东西——因为如果我们的讨论始于一个临时性的虚无主义定义，那么这样的定义肯定会或多或少地把意义性视作理所当然。

第二章 何谓虚无主义的历史？

在这一章中，我将通过回顾一些哲学家的历史来简单回溯虚无主义的历史。这些哲学家在其著作中揭示了虚无主义的某些关键方面。我将要提到的那些人物绝大多数都没有把他们的论述与虚无主义联系起来，但他们的论证有助于形成后来被称为虚无主义的东西。

"虚无主义"这个语词的出现，可以追溯至18世纪，特别是德国哲学家们关于启蒙运动的形而上学意涵的争论。但是，虚无主义所代表的历史，还可以追溯得更远，因为如果某个自以为是的个体尝试让他人意识到他们一直"浑浑噩噩"，反过来他又受到这些"浑浑噩噩"之人的指控，那么苏格拉底很可能就不仅仅是"哲学之父"，还是自以为是者之父了。

苏格拉底与洞穴

古希腊哲学家苏格拉底常常会在雅典的市场里穿梭，要求人们给出日常生活中的一些核心概念的定义，比如爱、荣誉、同情、知识和正义等。一旦有雅典同胞给出一个定义，苏格拉底就会进行检验，也就是不但激发他们去求证他们坚信的东西真能经得起所有的反驳，还迫使他们承认，如果苏格拉底的反驳是成功的，那么他们的信仰就是错误的。换句话说，苏格拉底不仅仅是在吸引社会成员参与讨论。因为他试图逼迫雅典人去质疑作为其社会建立基础的那些信仰，去质疑他们的社会究竟是建立在真知灼见之上，还是建立在像习俗和个人之见这样不可靠的基础上。

苏格拉底的基础检验最极端的例子，可以在柏拉图的《国家篇》中发现。苏格拉底从询问正义概念的基础开始，直到挖掘到可能位于这些基础之下的东西才结束。在该书第7卷中，苏格拉底要他的雅典同胞们去想象一种囚犯的生活：他们从一出生就被囚禁在一个地下洞穴中，除了影子，他们没有经历过、学习过和谈论过任何东西。在描述了这些囚犯的可怕生活——除了影子之外一无所知的生活，对洞穴之外的世界一无所知的生活，甚至对他们是囚犯这一点也一无所知的生活——之后，苏格拉底宣称，"我们和他们一样"。[1]

通过这一声明，苏格拉底明确了如下事实，即他不仅仅是要他的听众参与一次思想实验，更是在挑战他的听众（并且多亏了柏拉图，也是在挑战我们）严肃对待这样一种可能性，那就是他们所认知的实在（reality）①都只是幻觉。在苏格拉底眼中，我们就像地下洞穴中的囚犯，因为我们不仅把自己习以为常的东西视为实在，还因为我们从小就对这种实在习以为常，所以会拒绝对这种实在进行任何挑战。苏格拉底想要我们认识到的，不仅是"**眼见为实**"，还有"**信者不疑**"（或如西格蒙德·弗洛伊德后来会指出的那样，**相信等于合理化**）。换句话说，苏格拉底想要我们认识到我们是虚无主义的。

在苏格拉底看来，虚无主义从认识论和存在论的角度

---

① "reality"通常既可以译作"实在""实在性"，又可以译作"现实""现实性"，或"真实""真实性"。译者将根据上下文语境和既有翻译习惯来选择这一语词的译法。

来看都是危险的，因为苏格拉底主张囚犯不仅在面对反证时仍然继续相信影子，还会**杀死**任何把这一反证带到他们面前的人，任何尝试证明他们所信为虚的人，任何尝试把他们从牢狱中解救出来的人。这些不知道自己是囚犯的囚犯，不仅不会把洞穴视为牢狱，反而会视之为家园，正如囚犯们不会把那些想要带他们走出洞穴的人视为解放者，而会视之为疯子。不同于苏格拉底把论证过程建基于人性之上，柏拉图则用人类历史进一步支持了这一论证：正如《国家篇》的任何一位读者所知道的那样，苏格拉底被他尝试去解放的人们以解放他们为罪名审判和处死。

从雅典人的视角来看，苏格拉底是一个异端分子，是青年人的危险腐蚀者。柏拉图在他的对话录里呈现了这一视角。因为很多与苏格拉底对话的人都指控苏格拉底从未提出他自己的信仰，而只是尝试攻击他人的信仰。这一观点确实和关于苏格拉底的那则德尔斐神谕相契合。神谕说，苏格拉底是雅典人中最聪明的一个，因为只有他知道自己一无所知。与苏格拉底对话的人，如米诺，把苏格拉底比作一条电鳐，能够麻痹任何接触他的人。与此相反，苏格拉底则自比为牛虻和接生婆,这意味着他的目的不是使人困惑,而是去启发人和帮助人。于是,苏格拉底承认他的目标是动摇人们的信仰,但这样做是为了激励人们用知识替代他们的信仰。正如苏格拉底在受审期间(为了不让法庭用禁止质疑人们的信仰作为惩罚,苏格拉底宁可选择死刑)所说的那样:"未经检验的生活不值得一过。"[2]

于是,苏格拉底帮助我们认识到了很多后来(在虚无主义这个词被发明几个世纪之后)被用于定义反虚无主义者的特征。苏格拉底刺激人们去为他们的信仰做辩护。苏格拉底不仅侵蚀了人们对他信以为真的东西的信仰,还削弱了人们对真理的认知。苏格拉底拒绝给出他自己的观点,而是提供与主流完全不相容的观点,这导致他人指控他是一个总是唱反调却没有真知灼见的人。苏格拉底尝试让人们接受一种对实在的替代性理解,而他因此被指控为离经叛道,被指控腐蚀社会。苏格拉底鼓励人们追随他,包括那些将会寻求用暴力颠覆社会的人。苏格拉底鼓励人们攻击他,包括那些将会寻求处死他的人。苏格拉底鼓励人们效仿他,包括那些从他的观点出发却推导出更为激进结论的人。

笛卡尔与二元论

苏格拉底让人们质疑他们信仰的基础,他自己也因为这一点而被处死。但柏拉图通过他的对话录,通过开办学园,培养像苏格拉底那样思想和论证的人,继续传播着苏格拉底的观念。柏拉图最著名的学生是亚里士多德,但他——就像拉斐尔在《雅典学派》中所描绘的那样——到头来却反对柏拉图的观点。亚里士多德对柏拉图的批判,以及他保守的政治观点,有助于哲学从激励民众质疑日常生活的基础转向严格的概念分析。亚里士多德的分析有助于创造新的研究方法和领域,他的名字因此被置于几乎每一本大学教科书的首页。亚里士多德的方法与观念,开始主宰欧洲的智识研究,并维持了数个世纪之久,直到笛卡尔的出现。

法国军人、数学家和哲学家勒内·笛卡尔受教于亚里士多德传统,但并不满足于亚里士多德哲学,尤其是亚里士多德哲学与基督教神学联姻的产物——经院哲学。就像苏格拉底一样,笛卡尔关注的是,那些通常被声明为知识的东西不应该被作为知识而接受,除非我们能够确定这些声明的基础。但不同于苏格拉底通过辩论来检验知识的基础，笛卡尔更喜欢通过内省，尤其是以沉思的形式表现的内省。

在1619年11月10日那个寒冷的冬夜里，笛卡尔一连做了三个梦。受这些梦的启发，笛卡尔开始着手哲学和科学的革命，把二者重新置于确定性的基础之上。笛卡尔的革命体现在一系列的著作里。其中最有名和最有影响力的，是他的《第一哲学沉思集》(1641)。《沉思集》的开头，笛卡尔为自己曾对一系列谬误深信不疑而懊悔不已。他还指出，为了避免再犯类似错误，我们必须把任何建立在不确定基础上的信仰作为虚假之物来拒绝。因此，笛卡尔检验了每一种被接纳的知识基础的确定性，并且得出结论：没有一种基础值得信任。

我们的感官欺骗我们，所以我们不能信任建基于知觉的知识。我们无法区分梦与醒来的生活，所以我们不能信任建基于经验的知识。笛卡尔最有名的论证是说，除非我们能够排除像邪恶的上帝那样的存在的可能性——这样的存在能让我们相信一个虚假的世界是真实的，让我们相信非存在的对象确实存在，即使2+3=5也可能是它的"杰作"——否则我们无法相信知识，甚至数学知识。

不过对我们来说，最重要的不是笛卡尔的论证，而是他的坦诚。因为在给出不相信所有可能的知识声明之基础的理由后，笛卡尔坦承他无论如何不能坚持他的这种不信任。风俗和习惯对他的影响是如此之大，以至于他发现自己无法拒绝他长期以来都相信的那些知识声明，尽管他发现这些声明的基础是如何的靠不住。

换而言之，笛卡尔发现知识最不可信任的基础，不是知觉、经验或信仰，而是他自己。或者更确切地说，是他的虚无主义。正如笛卡尔在《第一哲学沉思集》里所总结的那样：

> 我就像一个囚犯在睡梦中享受一种虚构的自由那样；当他开始怀疑他的自由不过是一场黄粱美梦而害怕醒来时，他就和这些愉快的幻象串通起来，以便能够尽可能长时间地受骗。同样，我自己也愉快地重新掉进我的旧见解中去，并且害怕摆脱这些旧见解，害怕恬静的睡眠之后随之而来的清醒时的辛苦劳作，害怕我将不能在光明中，而必须在我现在提出的问题那

无法摆脱的黑暗中艰辛跋涉。[3]

阅读这段话,我们很难不说笛卡尔重新回到了柏拉图《国家篇》的洞穴之喻,也很难不说他把自己想象成了苏格拉底口中的囚犯。但苏格拉底认为囚犯之所以会相信他们所见之物的真理性,只是因为他们不知道自己所处的困境。笛卡尔则认为,信仰问题的根源要更深一些。笛卡尔了解自己的困境,但他掌握的相关知识并不足以帮助他脱离困境。确实,笛卡尔承认,关于其困境的知识,只能让他更加绝望地抓紧那些长久以来一直让他感到自在的幻觉,哪怕他知道**它们就是幻觉**。

苏格拉底说过,未经检验的生活不值得一过。笛卡尔检验了生活,却发现未经检验的生活更"令人愉快",更"安宁",更**值得一过**。正如笛卡尔所认为的那样,被检验的生活意味着"艰辛跋涉"和"辛苦劳作",还伴随着"无法摆脱的黑暗"而非"光明"。苏格拉底曾经许诺,光明在等待着每一个离开洞穴的人。但笛卡尔通过提出存在一个邪恶的上帝的可能性问题,把怀疑论推向了一个新的极端。后者超越了苏格拉底的洞穴。对苏格拉底来说,我

第二章 何谓虚无主义的历史?

们所有人都住在洞穴之中,而关于各种观念的辩论能够把我们带向真理的自由。但是对笛卡尔来说,没有**我们**;只有他**自己**,只有他的怀疑,只有他的不确定性,因为存在一个邪恶版本的上帝的想法,让他除此之外一无所有。

苏格拉底和笛卡尔都尝试鼓励他人质疑并最终拒绝其信仰的基础。就这一点来说,这两位思想家都是反虚无主义者。但苏格拉底是一个指控他人虚无主义的反虚无主义者,笛卡尔是一个指控自己虚无主义的反虚无主义者。笛卡尔承认,他对个人信仰基础的拒绝只是暂时的,因为他无法对抗相信这一切的冲动。苏格拉底把幻觉与实在之间的战争呈现为未启蒙者与已启蒙者之间的战争,但是笛卡尔把这一战争呈现为他内心渴求幸福的欲望与渴求知识的欲望之间的战争。

就像苏格拉底那样,笛卡尔尝试通过攻击虚无主义与幻觉世界的关联来与虚无主义斗争。苏格拉底指出,在经验世界之上存在一个更好的世界,他把后者描述为形式的世界、真理的世界、可理解的世界和摆脱幻觉的世界。笛卡尔也用二元论来对抗虚无主义。但不像苏格拉底,笛卡尔所描述的二元实在,并非外在于他本人,而是位于他的内心。对笛卡尔来说，我们之所以拥抱幻觉，是因为我们的活动范围超越了我们的理解能力，是因为我们的认知欲望（即意志）超越了我们的认知能力（即理智）。

尽管笛卡尔的心灵/身体二元论受到的关注最多，但从理解虚无主义问题的角度来说，他的意志/理智二元论更加重要。对苏格拉底来说，和虚无主义做斗争的关键在于从物理世界逃入理智世界。这一点可以通过辩论或死亡来实现。对笛卡尔来说，和虚无主义做斗争的关键在于从意志的努力逃入科学的确定性。这一点既可以通过自我克制也可以通过遵循规则而实现。作为反虚无主义的典范，如果苏格拉底是一个社会改革者的话，那么笛卡尔就是一个反求诸己者。

休谟和双陆棋

笛卡尔通过尝试把哲学置于理智的力量之上而革命化了哲学。笛卡尔尽管发现理智能够通过提出"恶魔"这样的观念，来摧毁所有对知识的信仰，但也证明理智能够用确定性替代信仰。这个证明过程的第一步就是证实自身的存在（"我思故我在"），第二步就是证实上帝的存在。或许，他就是这么思考的。一个名叫大卫·休谟的苏格兰青年哲学家因此受到笛卡尔的启发，不仅写出了自己的笛卡尔式怀疑论著作——《人性论》（1738）——更证明笛卡尔的怀疑论走得还不够远。

根据休谟，笛卡尔关于上帝存在的宇宙论证明，依赖于一个他尚未质疑的概念基础，即因果关系。休谟指出，如果要返回人性最基本的要素（比如知觉），并在此之上建立知识，那么就不能宣称因果关系是我们能够**认识**为真的东西，而只能宣称因果关系是我们能够**相信**为真的东西，而非一定为真的东西。尽管我们可能观察到一个事件紧随另一事件发生，而且看到这一事件序列一再出现，但我们不可能观察到这一事件序列**必然**出现。换句话说，我们不可能体验必然性。

正如休谟进一步论证的那样，如果我们不能体验必然性，那么因果关系就不能成为知识主张的基础。对休谟来说，因果关系是关于可能性（"太阳明天非常有可能升起"），而非确定性（"太阳明天一定会升起"）。于是，如果我们不能认识到因果关系一定为真，那么我们就不可能像笛卡尔要求的那样拥有知识，包括建立在因果关系基础上的任何主张（比如像笛卡尔之所以主张上帝必然存在，因为只有存在像上帝那样的无限存在，他才会产生存在像上帝那样的无限存在的观念）。

由于休谟把笛卡尔怀疑论推进到了比笛卡尔的打算更远的地步，他的经验主义动摇了笛卡尔用理性主义为哲学和科学奠定基础的努力。休谟指出，我们信以为真的大部分东西之所以被相信，不是因为理性的力量，而是因为经验的力量。如果我们关于某种观念有一种强烈的感觉，并且我们反复体验到那时的感觉，那么我们就会尝试着把那个观念升华至知识的等级，即使它不具有更多的确定性。

接着，休谟比较哲学与艺术并得出结论：我们必须接受这样的事实，即我们的哲学论证更多建立在美学而非合理性的基础上。他如此写道：

> 因此，所有可能的推理都只不过是各种各样的感觉。我们不只是在诗歌和音乐中必须听命于我们的趣味和情感，在哲学中亦如此。当我确定某种原则时，这原则实际上只是一种观念，它比其他观念更加猛烈

25

地撞击我。当我偏爱一系列论点而不是另一系列时,我只不过是在根据我对这些论点的影响力优势的感觉做决定。[4]

休谟在这里主张,我们发现某种东西为真的经验,实际上可能只是发现某种东西更受偏爱的经验。我们可能会以为我们正在进行理性的论证。但如果我们的论证仅仅基于对某些"趣味和情感"的认同或拒绝,那么我们就无法区分事实和感觉,或进步和偏见。换句话说,支持一种观念可能和支持一支球队没有多大区别:我们认同的只是参赛的一方,并以为这种认同是有意义的,而不是受制于某些超出我们控制的偶然事实(就像我们的出生地那样);最重要的是,我们希望我们认同的那一方获胜。

随着休谟把经验主义的后果越推越远,他不仅发现涉及因果关系的知识可以解体,涉及自身的知识也可以。因为休谟发现他的各种经验都受到持续不断的"洪流"的裹挟。"洪流"并没有表明存在一个稳定不变的"灵魂""自我"或"心灵",却表明"洪流"就是一切,而他只是"一束知觉"。我们的记忆从这些知觉中创造出一种叙事,我们可能会以为我们正在进行理性的论证。但如果我们的论证仅仅基于对某些"趣味和情感"的认同或拒绝，那么我们就无法区分事实和感觉，或进步和偏见。

_____

这一叙事基于这样一种观念，即必然存在一个"自我"，而"自我"又是这种叙事的因。但是由于不再把因果关系视为知识的基础，叙事同样无法作为身份认同的基础。笛卡尔的怀疑论让他陷入唯我论，但是对休谟来说，"我"的存在都是可疑的。

面对这种彻底的怀疑论，以及自我不过是记忆为我们创造的"虚幻之物"的观念，休谟得出如下结论：

> 我被所有这些问题迷惑了，开始想象自己处于可以想象到的最可怜的境况中，处于最深沉的黑暗中，还被完全剥夺了运用每一个肢体和每一种官能的能力。
>
> 非常幸运的是，虽然理性不能驱散这些疑云，但是自然本身却足以达到那个目的，要么是通过放松心灵的这种倾向，要么是通过某种消遣和我的感官的生动印象消灭所有这些幻想，能够治愈我的哲学忧郁症和谵妄症。我就餐，我玩双陆棋，我谈话，和朋友们说说笑笑；经过三四个钟头的娱乐，我重新返回这些思辨，会觉得它们是那样地冷酷、牵强和可笑，从而

发现自己再也无心继续这类思辨了。[5]

在苏格拉底看来，虚无主义可以通过启蒙来克服；在笛卡尔看来，虚无主义可以通过自律来克服。但在休谟看来，虚无主义不可能被克服。它只是个人心理状态的产物。发现自己身处洞穴或"最深的黑暗"中的休谟，不再尝试讨论或推导走出虚无主义的途径，而是开始玩双陆棋游戏。就像笛卡尔，休谟发现虚无主义内在于他自身。但不像笛卡尔，休谟并没有和他的虚无主义斗争，而是拥抱他的虚无主义。正如笛卡尔所描述的那样，虚无主义是一种慰藉，是保持安全的途径，是"消灭所有这些幻想"的途径，即使它只是帮助我们尝试忽视这些幻想。

康德与危机

尽管休谟乐于停留在他的虚无主义暖袋中，但他启发了其他人去抛弃他们的虚无主义。诚如德国哲学家伊曼纽尔·康德所言，正是休谟把他从其"独断论的迷梦"中唤醒。看到休谟已经摧毁知识的基础，只在原地留下了或然性，康德受此启发，决定接受在新基础上重建知识的挑战。康德完成这一使命的方法，并不是去证明休谟根据经验主义得出的结论是错误的，而是去证明休谟所使用的方法是错误的。也就是说，休谟用经验主义重建知识的尝试是错误的。对康德来说，我们不可能像休谟曾经尝试过的那样，以经验作为起点，因为经验不是我们**拥有**的东西，而是我们**创造**的东西。

根据康德的观点，休谟注定会最终迷失于黑暗和幻想之中，因为因果关系不可能仅仅按照休谟想象的方式起作用。以正在熔化的蜡为例，康德指出尽管我们不可能知道蜡熔化的必然原因，但我们还是知道有**某种东西**导致了蜡的熔化。于是，康德批评休谟混淆了无法运用因果关系法则与无法证明因果关系法则的存在。由于因果性和必然性不仅对知识，对我们如何体验世界来说同样至关重要，康德主张返回起点，从我们确实体验到的东西（如因果关系法则）开始，然后尝试解释经验如何作用才产生了这样的经验。

休谟曾指出因果关系所依赖的必然性不可能在经验中被发现。康德认可这一观点，但指出这是因为必然性只是我们的心灵为了形成经验而使用的概念器械的一部分。在回应怀疑论的质疑，即我们如何知道我们对世界的主观经验符合世界的客观真理，如何知道我们所看到的**像**红色的东西确实就**是**红色的时，康德给出了一个革命性的主张，即这样一种符合之所以能够被认识，是因为经验的世界是由心灵建构而成的。空间和时间并非**外在于**我们，而是存在于**我们之内**，更是我们感知现实的途径。我们通过感性的精神功能所接收到的时空对象的**质料**，按照知性的精神功能被赋予**形式**。根据康德，知觉和构建于知觉之上的知识，很可能只来源于这些协同作用的能力的自发活动。

于是，康德的"哥白尼革命"从休谟的观点中拯救了知识：我们不再永远无法超越我们所体验的东西，而我们认为是知识的东西，也不再只取决于我们已经经验的东西所能达到的程度。不同于休谟，康德为科学创造了可能性，后者再次被置于普遍的、独立于经验〔康德称之为"先天"（*a priori*）〕的真理之上，而不是纯粹偶然的、依赖于经验〔康德称之为"后天"（*a posteriori*）〕的主张之上。我们之所以能够拥有一种先天的知识，是因为理性能够发现普遍的真理，就像有因必有果。但是拥有这样一种知识的代价，就是必须接受这样一种观念，即经验是由我们塑造的，而非给予的。

因为康德，我们不必再担心由休谟基于经验主义所提出的归纳问题，即建立在过去经验基础上的主张会被未来的经验所篡改，因为经验的一致性在于它如何（且将总是）被塑造而非（迄今为止）如何被给予。但是，这也导致了唯心主义的发明创造问题（the idealist problem of invention）的出现，即经验只是**人的**经验，或者甚至只是**"我"的**经验，而且，没有了我们曾经具有的认识能力，非人或非我的经验很可能完全不同，更不可理喻。如果休谟的经验主义把我们带向怀疑论，那么康德的唯心主义会把我们带向疯狂。

康德解决这一问题的方案，是尝试把经验主义和唯心主义并入他所谓的"先验唯心主义"。正如康德所指出的那样，经验**先验地看是唯心的，但经验地看又是实在的**[6]。换句话说，我们所体验的东西建基于我们的心灵能力，只有与实在结合时才可能起作用。康德区分了我们观察到的事物的表象和物自身，认为我们虽然只拥有关于表象的知识，但这些表象却是真实的，而非我们想象力的虚构之物。

康德认为，实在既"现象性地"存在着（表象），又"本体性地"存在着（自在）。尽管我们不可能进入本体世界，但它的存在却是肯定的。没有一个外部世界，我们就没有可体验的东西，甚至连我们自己也不会存在。康德由此驳斥了笛卡尔唯心主义，证明经验并不依赖于"我"而存在，相反，"我"依赖于经验而存在。换句话说，必须存在一个本体世界，以保证现象世界能够存在，因为没有本体世界，"我"——笛卡尔的"我"，那个只在思考时才存在的"我"，意味着只是存在**某种要去思考的东西**——就不可能存在。如果经验依赖于我的存在，而且我的存在又依赖于经验，那么必然存在某种东西，既超越了"我"，也超越了经验，否则我们就会陷入鸡与蛋的悖论。

正是休谟对怀疑论虚无主义式的接受，唤醒了康德重建知识的追求。但颇具讽刺性的是，正是康德克服这种虚无主义的努力，竟然让哲学家弗里德里希·雅克比笔下的"虚无主义"一词天下皆知。在1799年发表的一封信中，他用这个术语公开反对由康德激发的那种哲学[7]。同样，在1801年写给未婚妻的信中，小说家海因里希·冯·克莱斯特描述了他在阅读康德哲学后所经历的危机("我唯一的、至高的目标被摧毁了,我不再拥有任何目标了"[8])。对雅克比和克莱斯特来说,把实在区分为现象和本体,把事物区分为表象和物自身,就是要把生活弱化至无意义。

康德的哲学被雅克比和克莱斯特解读为根本上是要把我们重新囚禁在《国家篇》的洞穴中。但是苏格拉底的囚犯不知道他们是注视着影子的囚犯,康德的囚犯确实知道他们把生命花费在注视影子上,还被期望接受这样一种看起来毫无意义的生活,因为逃离洞穴(对本体世界的知识)是不可能的。换句话说,康德解决了休谟的危机,但他的解决方案触发了新的危机。由于康德,我们能够在理性确定性的基础上重建知识,但为此付出的代价是削弱了我们对经验的有意义性的确定。

休谟或许留给我们一种怀疑论,但我们可以通过和朋友们一块儿消遣来克服这种怀疑论。然而康德留给我们的怀疑论,甚至关乎我们交朋友的能力,我们了解朋友的能力,我们了解朋友的真面目而非看上去的样子的能力。康德甚至让我们不知道我们究竟是谁,我们究竟是怎样的人,而非我们展示给世人的样子。康德让科学变得有意义了，但他激发了许多新的问题，关于如何让生活变得有意义的问题。于是，康德让我们远离了我们所谓的"**认识论虚无主义**"（认为获得知识是不可能的），但又让我们接近了我们所谓的"**生存论虚无主义**"①（相信生命是没有意义的）。

但我们可以在康德的道德哲学中发现对生存论虚无主义所构成威胁的回应。康德想要从怀疑论那里拯救道德——这种怀疑论来自把道德主张建立在诸如上帝的存在或人类经验这样偶然的基础之上。他于是主张道德应该能够建立在理性的确定基础之上。运用推理的"纯粹性"，康德在合理性中发现了一条"纯粹的"道德法则，可适用于任何环境、任何时间中的任何理性的存在。根据康德，只要行为能够被普遍化而不产生逻辑矛盾，这些行为就都是道德的。

康德提供了一条可以摆脱人类传统和经验的偶然性的道德法则。它的真理性，就像科学法则的真理性一样是先

---

① "existential nihilism"既可以译作"生存论虚无主义"，也可以译作"存在主义的虚无主义"。

天的。但正像康德被迫承认的那样，人并非完全理性的存在。正是由于人的"不纯粹性"，我们不仅不能自觉遵守道德法则，甚至不能证明曾经有人遵守过道德法则，包括我们自己。根据定义，一种先天的道德法则不可能被经验所证明，就像先天的因果关系法则不可能被经验所证明那样。于是，就像康德通过让科学的真理性远离经验而令科学免受怀疑论的侵扰，康德通过让道德的真理性远离经验来保证道德免受怀疑论的侵扰。

相应的，道德的有意义性似乎也被康德移除了，就像他从科学那里移除了有意义性那样。康德把道德简化成一个数学问题。而且就像对待数学问题那样，康德宣称我们不应当关注道德是否让我们幸福，而应当关注道德是否为真理。事实上，康德要走得更远。他宣称我们应当遵守道德法则，即使它让我们痛苦，即使它会杀死我们，因为我们是理性的存在，遵守理性的法则就是我们的"义务"。康德也因此认为，我们应该牢记于心的，不是我们的幸福，不是我们的生命，而是我们的"尊严"。凡是理性的东西都必须被遵守而不论后果如何：因为像人类的经验、幸福和传统，其后果都只是偶然的、不纯粹的、现象性的和没有尊严可言的。

对康德来说，"自由"甚至也意味着服从，因为自由被定义为"自律"（autonomy），意味着我们只有在遵守"自我的（auto-）的法则（-nomy）"时才是自由的。于是，压迫被定义为"他律"（heteronomy），或者是被迫遵守"他人的（hetero-）法则"。但重要的是，能够被遵守的"自我"，只有**理性的**自我。至于服从于欲望，甚至是服从于某人自己的欲望，在康德看来都是他律的，而非自律的。由于欲望不受我们的控制（比如，喜欢某种东西是一种发现，而非一个选择），康德不可能把欲望和自由相关联，也因此把欲望描述为他律的，就像某种**强加给我们**的东西。对康德来说，如果道德、尊严和自由被理解为对理性的服从而非其他，那么三者只能放在一起理解。与此相应，生命的意义不可能在幸福中被发现，而只能在义务中，因为正如康德所言，我们天生就有理性，就有和我们的欲望常相冲突的官能，如果我们执意追求幸福，这一切都会变得毫无意义。

就像康德对认识论虚无主义的回答打开了生存论虚无主义的大门，他对生存论虚无主义的回答又打开了我们所谓**政治虚无主义**（相信传统价值的不足取，因为它们有悖于真正的自由）的大门。此种形式的虚无主义确实由于康德哲学而大行其道。例如，在德国、英国和俄国文学中，到处都是这样的人物：乐于拒绝任何他人所热衷的东西，却投身形形色色的"高尚"使命。歌德的《浮士德》（1808）、拜伦的《曼弗雷德》（1817）和屠格涅夫的《父与子》（1861）都描述了这样的主人公。他们都寻求那种能够克服人类情感依恋的自由，那种可以不惜一切代价去追求的自由。在俄国，这样的人物不仅存在于文学中。俄国就出现了由所谓的"虚无主义者"发起的政治运动（1860—1881）。这些虚无主义者寻求通过摧毁俄国社会来解放它，因为他们相信只有那些能够幸存的东西才值得拯救。也正是在这个时期，最著名的虚无主义者——弗里德里希·尼采发出了类似的宣言："那没有摧毁我的东西，将会让我变得更强壮。"[9]

尼采的诊断

弗里德里希·威廉·尼采——与虚无主义联系最紧密

的哲学家——1844年出生于德国洛肯。尼采同时在路德宗和康德主义的滋养下长大。尼采的父亲是一位路德宗牧师,在尼采5岁时去世。上学后,尼采开始学习古典语言,后者最终导致尼采以语言学为志业。尽管他25岁时就已经获得巴塞尔大学古典语文学的教职,但他糟糕的身体和著作的无人问津让他无法维持其学术事业。

尼采此后余生就在欧洲游历,希望能够找到一个可以让他自由呼吸的地方——既是字面意义上的,也是形而上学意义上的。但尼采的妹妹伊丽莎白·福斯特-尼采嫁给了一个德国民族主义者和反犹主义者。后者曾经徒劳地尝试在巴拉圭建立一个名为"新日耳曼尼亚"(Nueva Germania)[10]的雅利安人殖民地,并且在失败后自杀。当尼采于1889年开始发病(从字面意义来说,他在都灵尝试保护一匹被抽打的马时突然崩溃)后,伊丽莎白便成为尼采及其遗产的监护人。由于她的努力(以及她在编辑手稿方面的失真,包括伪造信件和重写某些段落),尼采不仅被等同于虚无主义,还被等同于纳粹主义。其实与他的妹妹和妹夫不同,尼采拒绝民族主义并反对反犹主义,因为他自诩"好欧洲人"。

在尼采发病之前，他计划写一部讨论虚无主义的著作。当尼采的妹妹成为尼采的监护人之后，她收集了他的笔记，并在他去世之后以《权力意志》为名出版（1901）。这些笔记给我们提供了尼采数年来对于虚无主义各种各样的分析。比如，在尼采的笔记里我们可以发现，关于"虚无主义"有如下分析和定义：

> 虚无主义站在门口了：这位所有客人中最阴森可怕的客人来自何方？起点：考虑"社会痛苦"或"生理退化"甚至腐化堕落是虚无主义的**原因**，这是一种错误。我们的时代是一个极其正直、极富同情心的时代。痛苦，无论是灵魂的、肉体的还是智识的痛苦，本身是不可能带来虚无主义（即对价值、意义和愿望的彻底拒绝）的。这样的痛苦总是允许各种不同的解释。更确切地说，它隐藏在一种特殊的解释中，基督教－道德的解释中，后者正是虚无主义的根源[11]。
>
> 虚无主义意味着什么？**最高价值的自行贬黜**。没有目标；"为何之故？"的问题没有答案[12]。
>
> 虚无主义代表着一种病态的过渡状态（所谓病态

的是一种高度的一般化，指的是完全的无意义）：要么是生产性的力量还不够强大，要么颓废仍在犹豫不决，还没有发现补救的办法[13]。

虚无主义。它是两义的：

A. **虚无主义作为提高了的精神权力的象征**：作为积极的虚无主义。

B. **虚无主义作为精神权力的下降和没落**：作为消极的虚无主义[14]。

哲学上的虚无主义者坚信：一切发生事件都是毫无意义的和徒劳的；而且本不该有什么无意义的和徒劳的存在。但是何来这种"本不该有"呢？人们从哪里获得**这种**"意义"，**这种**尺度呢？——虚无主义者从根本上认为，对这样一种无望也无益的存在的审视让哲学家感到**不满**、沮丧和绝望。这样一种洞见有违于我们的发现者的作为哲学家的精细的敏感性。结果就是一种荒唐的评价：为了拥有存在的权利，生存的特征**必须使哲学家感到愉快**[15]。

但由于这些笔记并没有在他活着的时候发表，我们无从得知尼采对这些笔记的最终态度：他对虚无主义的诊断中，是要全部或部分采用他的笔记，还是将之完全排除在外？不过由于这些笔记写于他创作的间隙，我们可以尝试通过比较他的笔记和已出版著作，拼合出他对虚无主义的观点。这里，我将主要关注他的《论道德的谱系》（1887），因为这本书是他最成体系的作品。他的许多关于虚无主义的笔记就写于同一时期，而且他希望这本书有助于把其他著作中的观念传播给更多的读者。

尼采在《论道德的谱系》的前言中写到，当他还是一个孩子时，就开始好奇恶的起源，于是做了如此推论：上帝作为所有造物之"父"，必然也是"恶之**父**"[16]。但是，由于一种"奇怪的顾忌"——他认为这种顾忌令他与个人的教养、传统、文化以及所有可以被描述为他的"先天"的东西格格不入，他也学会了停止在"世界的**背后**"寻找类似问题的答案。相反，通过运用他的语言学训练，尼采开始研究世界本身，尤其是研究这个世界的语言。正是在这里，尼采发现他越是追溯道德的语言——"善"与"恶"的语言，康德所谓**纯粹**、**理性**的语言，摆脱人类历史或人类心理等不纯粹经验的纯粹性的语言——越是找到更多证据，证明道德是不纯粹的，道德只是生存斗争的产物。

道德——或至少尼采时代的欧洲人所认为的道德——并非如康德所认为的那样是绝对且普遍的，毋宁说是**对立道德**之间的战争的最终产物。"善"作为一种价值，已经被不同时代的不同文化应用于各式各样、相互对立甚至截然相反的生活方式。这一发现说明，不存在什么东西能够保证被作为"善"接纳的东西就是**善的**，也不存在什么东西能够保证被作为"道德"接纳的东西就是**道德的**。在证明了康德错误地坚持道德具有先天基础（这一基础的真理性独立于经验且因此不会发展变化）后，尼采要求读者严肃对待这样一种观念，即道德不只是后天的，不只是众多可能相互冲突的道德中的一种，更是危险的、**敌视生命的**。

在《论道德的谱系》第一篇论文中，尼采用他的语文学研究把道德价值的词源学演变上溯至前基督教时代，上溯到至少存在两种相互竞争的价值体系的时代——"主人的道德"和"奴隶的道德"。在尼采之前，黑格尔已经讨论过，伦理生活的观念起源于两种相等力量之间的斗争。这种斗争导致胜者成为主宰"奴隶"的"主人"，而"奴隶"在他们的懦夫博弈中首先退却了。但对尼采来说,谁是主人,谁是奴隶,并非取决于斗争,而是取决于出身,取决于谁生来强壮,谁生来虚弱。强者统治,只是因为他们能够统治,他们也因此变得更加强壮,而弱者则与此相反变得更加聪明,因为他们被迫用计谋而非蛮力打败主人。于是乎,主人视自身和他们的生理特征为"善",视不具有此类特征的人为"恶",奴隶则视主人和他们的行动为"恶",视不参与此类行动的人——也就是他们自己——为"善"。

尽管尼采所描述的是人类历史的早期阶段,但我们不难发现,类似的情况就存在于我们各自的青少年时代,因为主人本质上就是**运动高手**(jocks),而奴隶本质上就是**书呆子**(nerds)[1]。运动高手随心所欲,书呆子则精于算计。运动高手自视为"善",因为他们强壮而迷人,所以书呆子的怯懦、其貌不扬就成了"恶",成为受捉弄的对象,除此之外不值得一提。与此相反,书呆子仇恨运动高手,

---

[1] "jock"和"nerd"是美国学生常用的两个俗语。"jock"指的是那些性格开朗、身材魁梧、模样英俊、具有男子汉气概的运动高手,"nerd"指的是衣着保守、害羞、敏感、懦弱、把大部分时间花在学习上的孩子。

仇恨运动高手所做的一切，相反把自己定义为"善"，相信自己能够做到运动高手所做的一切，但由于**太善良**而不屑于做这一切。

除了主人和奴隶，尼采还定义了第三类群体——"教士"。教士生来就像主人那样强壮，却视干净或"纯粹"为高于任何肮脏或"不纯粹"之物的价值。于是在我们尼采式的操场上，除了运动高手和书呆子，又出现了**富家子**（preppy kids）。这些富有的孩子，他们自视甚高而不愿参与运动高手的行动，就像书呆子，但他们并不比运动高手弱。

尼采在《论道德的谱系》中提出的基本问题是：奴隶如何打败主人？根据尼采，奴隶的价值，是谦逊、自抑、自我否定和自我牺牲的价值，是最终胜出的价值，成为我们今天大行其道的**道德**价值。我们都是奴隶战胜主人的产物，这一胜利是如此彻底，以至于我们甚至意识不到曾经有过这么一场胜利，曾经存在过相互竞争的价值体系和道德。正是基于这一原因，尼采声称我们并不知道自己是谁，因为我们把道德视为理所当然的，而没有认识到隐藏在其后的历史和血腥。由于不清楚奴隶如何战胜主人——

就像书呆子变得比运动高手更酷，或者漫画和电子游戏变得比体育运动更受欢迎那样——我们无法知道我们是谁，我们为什么会重视我们所重视的东西。

至于奴隶道德如何获胜的问题，尼采的答案是：奴隶并没有通过消灭主人而是通过改变主人的信仰来战胜他们。这种改变包括三个要素：动机（"**怨恨**"[17]）、手段（"文化工具"[18]）和机遇（"拿撒勒的耶稣"[19]）。"**怨恨**"是尼采专指奴隶心理的术语，因为奴隶不仅厌恶主人，还仇恨主人，指责主人对他们的奴役。这种奴役不仅是指与生俱来的压迫，甚至是指与生俱来的弱小、容易受伤和终有一死。换句话说，奴隶期待战胜主人，最终变成主人。因此，正如尼采所指出的那样，最初由教士甚至由圣徒描绘的天堂清楚地说明，过"善"的生活会获得永恒极乐的报偿其实宣示了这样一种知识：人们的敌人，即那些过"恶"的生活的人，将会在地狱里遭受永恒的折磨。这或许有助于解释为什么宗教艺术看上去更热衷于描绘地狱而非天堂。

当然，告诉那些正在压迫你的人他们会下地狱，似乎不足以让压迫者停手。但随着耶稣的出现，一个具有肉体凡胎的上帝的出现，天堂、地狱确实存在的观念变得真实得多了。正如布莱斯·帕斯卡后来所说的那样：天堂和地狱极有可能是真的，这种想法足以让一个人"下注"，毕竟谨小慎微总没有错，总比事到临头再后悔强。更重要的是，耶稣被描述为一种新宗教的引座员。这是一种爱和救赎的宗教，可以原谅主人"罪孽深重"的（战士的）生活，允许他们进天堂，只要他们不再做"罪人"（主人），而是成为"有道德"的（奴隶）。根据尼采，奴隶正是利用这种描述，把耶稣变成了"诱饵"，使主人皈依奴隶们的信仰犹太教——只需把它重新命名为"基督教"即可。

随着主人的皈依，主人和奴隶就可能共同生活并形成一个社会。但是，为了实现社会的稳定，之前的主人和之前的奴隶必须学会在同一个社会里生活。这就是教士获得权力的原因。教士教育主人像奴隶那样生活，根据犹太-基督教的价值生活。这种价值导致这样一种观念的产生，即成为"道德"的人要求你学会抑制自己的本能。正如学校里的孩子们参观博物馆时，要学习**只看不摸**，教士们也使用尼采所谓的"文化工具"来教育社会去**思想而不是行动**。通过让人们确信他们拥有灵魂，能够解释他们的行为，也能够获得永恒奖赏或惩罚的灵魂，教士们在人性中发展出记忆、推理、承诺尤其是感到**有罪**的能力。根据尼采，记忆、推理能力、坚守承诺和罪恶感不是自然的，而是数个世纪的惩罚和折磨的产物。这与科学家用痛苦来训练实验室动物理性地行动、安全地通过科学家建造的迷宫没有什么两样。

确实如尼采所言，教士创造了一个世界。比起主人和奴隶的世界，这个世界对人性来说更为安全。但是这种安全的代价太高。根据尼采，抑制本能不同于去除本能，毕竟本能冲动不可能轻易消失，且必然会出现基于本能的行动。与犹太-基督教价值完全相反的本能冲动——比如通过凌虐而获取快乐的冲动——通过疏导的方式而被抑制了；由于残忍地对待他人是"不道德的"，社会成员要维持道德，只能把残忍指向自身。这种自虐就是人们熟知的"罪恶感"，尼采还把它描述为"坏良心"[20]。正是通过发明罪恶感，教士们才能够维持这个社会。换句话说，教士们创造的这个道德社会之所以是安全的社会，不是因为他们宣扬的道德让人们不再残忍，而是这种道德让人们把"善"等同于对自身的残忍。更何况耶稣是为我们的罪而死，这种自虐和罪恶感无穷无尽，毕竟我们欠上帝的债永远无法还清。于是对尼采来说，德语中"Schuld"（亏欠）一词既意味着**罪恶感**又意味着**债务**，绝非偶然。

如果自虐是**善**，那么自我否定和自我牺牲就是**至善**。这些我们今天仍然视为道德典范的价值，就是尼采所谓的"禁欲主义的理想"[21]。犹太-基督教价值的胜利导致这样一个社会出现：那里人们不再希望成为主人，而是希望成为修道士；不要伤害他人，不要鲁莽行事，不喝酒，不抽烟，禁欲，不要自私，不要以自我为中心，不要自吹自擂。这些都是修道士的典型特征，却被等同于道德的生活。但是正如尼采所指出的那样，人性中的兽性远超清规戒律，因此尝试过一种道德的生活就是在要求我们尝试非自然的生活，要求我们尝试过一种**反对生命**的生活。

尼采把生命定义为"权力意志"[22]，因为对尼采来说，生命关心的是变化而非一成不变，是生成而非存在，是通过斗争来升华自我，而非仅仅苟且偷生。**权力意志**因此就是**意愿意志**，因为所谓追求权力除了追求获得更多的权力的能力，再无其他的目的。于是，想要不再成长，想要不再变化，想要不再升华，想要维持现状，根本上就是无意

49

第二章　何谓虚无主义的历史？　　51

愿的意志。但是根据尼采,这种无意愿的意志实际上就是教士们为了维持社会稳定、为了保持社会安全而强加给我们的。我们现在可以发现教士们所采取的手段,不过是为了免受人的本能的伤害,免受人的本性的伤害,免受人的生命的伤害。犹太-基督教价值和禁欲主义理想旨在通过倡导自我虐待、自我否定和自我牺牲来维持社会。换句话说,我们所认为的"道德",并非是康德在纯粹理性中**发现**的,而是被**设计**出来保证羔羊能相安无事地生活。这恰好是基督教和康德主义共有的目标。

教士们(现在我们可以发现,康德和圣徒保罗其实是一类人)创造了一个有助于我们生存的禁欲主义社会。但我们的存活是通过鼓励我们逃避生命来实现的。尼采认为,正是这一原因让教士们用虚无主义的疾病替代了主人的危险。尼采自比一名文化医生,来诊断身边到处可见的虚无主义疾病。这种疾病产生的原因,是我们生活在一个培养庸人的社会:在那里,谦逊是美德,而骄傲是罪过;在那里"进步"不是被定义为学会不根据本能来行动,而是被定义为举止文明,学会所谓"**被动攻击**"。如果尼采活到今天,他可能会把我们的"文明社会"视为巨型巴士，每个人都死气沉沉地坐在那里，祈祷着行程快快结束。要么有意在旁边的座位上放置一个袋子以避免有人紧挨着他，要么盯着智能手机或戴上耳机以避免同旁人交流。换句话说，我们已经开始把生活视为某种需要忍受而非享受的东西，我们已经开始把人性视为某种值得厌恶而非热爱的东西。

尼采不仅把主人的消失视为危险源头的消失，还视为自豪源头的消失。主人代表着人类能够达到的最高状态，因此在激起恐惧的同时也会引来赞美。随着主人皈依基督教，上帝成为人们恐惧与赞美的代表。但是正如卡尔·马克思在论文《异化劳动》（1844）中同样指出的那样，上帝变得越强大，人类就变得越弱小。不同于奴隶想要成为凡人式的主人，基督徒想要成为"超人"式的主人，他们不再问凡人能够做什么，而是问"耶稣会做什么？"。生活在主人的阴影中，会迫使奴隶变得足够聪明，因为唯有如此才能战胜主人。但生活在一个全知全能的超自然存在的阴影中，只会迫使社会成员极力压抑自己，仅仅为了能在死后得享生活。

对尼采来说，超自然存在的被拔高和自然性存在的被贬黜是虚无主义的主要原因。对存在于经验世界之上的世界的信仰，对往生的信仰，证明了教士们所追求的禁欲主义的合理。因为只要人们相信那个被折磨、被否定和被牺牲的自我不是他们**真正的自我**，自我虐待、自我否定和自我牺牲就极其容易作为理想被接受。不过，尽管教士们已经教导人们，相较于即将到来的生活和世界，当下**这种生活**和**这个世界**都是无意义的，但为了维持社会的存在，教士们还得教导人们自杀是一种罪过。换句话说，不管你是苏格拉底还是耶稣的追随者，人类都应该被理解为囚犯，被迫在一个无意义的世界里过一种无意义的生活。不过二者的关键区别在于，由于基督教，我们人类知道是谁囚禁了我们——那位善良而完美的上帝作为我们的监管者，创造了这个囚笼，尽管他这样做似乎就是为了检验囚犯们是否能够因为善行而获释。

正如我们已经看到的那样，上帝变得越强大，人类就变得越无力。但同样正确的是，上帝变得越强大，关于上帝的观念就变得越矛盾：上帝为什么会创造这样一个囚笼？如果上帝是善的，那么他为什么会折磨他的造物？如果上帝是全知的，他为什么还需要检验他的造物？正是因正如尼采所指出的那样,人性中的兽性远超清规戒律,因此尝试过一种道德的生活就是在要求我们尝试非自然的生活,要求我们尝试过一种反对生命的生活。

___

为基督教引出了这些问题,尼采才把虚无主义和"上帝死了"[23],与"最高价值自行贬黜"[24]这样的主张关联起来。让上帝为所有的事情负责,就是让人类不再为任何事情负责,也就是让人类的存在变得毫无意义,让上帝对我们的存在的审判变得毫无意义,让上帝的存在变得毫无意义。上帝观念服务于改变主人的信仰以及创造一个文明社会,但是上帝全知全能这一观念——对永恒化压抑是必须的,而压抑又对维持社会存在至关重要——最终无法维持自身,因为被压抑者终会发现,上帝只不过是他们所受压制的始作俑者。

如果说奴隶因其卑微的存在而仇恨主人,那么他们更有理由仇恨上帝,尤其因为主人的消灭并没有让他们变成主人,而是让所有人都变成了奴隶。根据尼采,正是基于这一点,教士们努力寻找着分散和转移不满的方法。这些方法旨在再次把人类的破坏性冲动导向建设性的行为,比如让人类摧毁自身而非上帝或社会。在《论道德的谱系》第三篇论文中,尼采描述了五种这样的方法:自我催眠、机械地服从、制造小小的快乐、随大流以及恣意放纵[25]。

自我催眠是通过沉睡避免痛苦的方法,包括沉思、饮酒或浏览优兔（YouTube）等等。机械地服从是通过服从于他人制定的规则而避免做决定的方法，包括服从上司、服从惯例或服从Fitbit[①]设备。制造小小的快乐是通过让自己觉得有力而避免无力感的方法，包括做义工、捐献或在Tinder[②]上发表酷评。随大流是通过加入群体而避免孤独的方法，包括加入一个团队、加入一个委员会或加入脸书。恣意放纵——尼采专门指出这一种方法具有"罪恶感"，而前四种相对"无辜"——是通过参与激烈的情绪宣泄来避免深思熟虑的方法，包括参与暴乱、胡言乱语或在红迪网上乱喷。

在尼采看来，这些方法避免了社会的毁灭，但代价是加重了我们的虚无主义。于是，尼采把教士等同于庸医。教士们认识到，尝试做一个在文明社会中生活的文明的存在，就是让人类生病。但教士们并没有尝试治疗这种疾病，而是头痛医头、脚痛医脚，只开出越来越多的止痛药。于是，教士们开出的这些药剂有助于缓解病痛，但麻

---

① Fitbit是美国一家生产可穿戴的健康信息记录设备的公司。
② Tinder是一款交友应用程序。

木只能导致更多的虚无主义,因为麻木就像禁欲主义一样是对生命的拒绝。逃避痛苦,逃避做决定,逃避无力感,逃避孤独,逃避深思熟虑,就是在逃避做一个人。麻木只会让疾病变得更加严重,尤其是在一群麻木的人中间生活,会导致厌世情绪的加深。教士们让病人的病更加严重,让虚无主义者变得更加虚无主义。

根据尼采,尽管教士们开出的药方能够让我们麻木到足以继续停留在社会中,继续受到社会主流价值的束缚,但结果就是日趋严重的虚无主义,就是社会和社会价值开始变得越来越没有意义。人们仍然在祈祷,但"上帝"不再意味着曾经意味的东西,比如一个人打喷嚏后我们会说"上帝保佑你"。这句话更像条件反射而非有意义的举动。不过尼采指出,尽管我们的虚无主义"杀死了"上帝,但我们并没有抛弃上帝在社会中扮演的角色。当上帝不再扮演我们生命意义的超凡根源时,我们并没有尝试自行赋予生命意义,而只是寻求新的意义超凡根源。我们以这种方式保持着我们的宗教热情,即使这种热情不再和任何特殊的宗教有关。

于是尼采指出,科学不是宗教的敌人,而是一种新的宗教，一种新的意义源泉：它有自己的教士、仪式、神圣文本和指引生活的价值与理想。科学的教士们（如实证主义者）把"客观性"这样的科学价值提升至超凡的高度，让社会觉得已经获得"启蒙"，已经进步到超越基督教"黑暗时代"的地步。比起"客观"和"主观"这样的科学价值，"善"与"恶"似乎已经过时，但是科学价值和宗教价值其实服务于相同的目的。两组价值同样会导致一种禁欲主义的生活方式，导致一种自我否定、自我牺牲的生活，一种压抑本能的生活，不管这些本能是"罪恶的"还是"非理性的"。

"上帝之死"并没有导致宗教之死。正是这一点激励尼采在他的著作中不断关注虚无主义问题。现在我们可以看到，尽管尼采对虚无主义的诊断非常复杂且宽泛，但尼采的主要关注点是，虚无主义的观念是对做一个人意味着什么这个问题的逃避。尼采在基督教、佛教、哲学、艺术、科学和文化中都辨认出了这种虚无主义的逃避。尼采的诊断是，这些种类繁多的虚无主义逃避都有一个共同之处，即它们都是压抑的结果。为了在文明的社会中和平地生活，而非在恐惧中生活，我们需要这种压抑。

让上帝为所有的事情负责，就是让人类不再为任何事情负责，也就是让人类的存在变得毫无意义，让上帝对我们的存在的审判变得毫无意义，让上帝的存在变得毫无意义。

尼采尝试让我们认识到奴隶道德如何自我毁灭，犹太–基督教价值和禁欲主义理想的道德如何敌视生命。但不同于他的许多追随者和批评者所认为的那样，他并不主张摧毁社会，重返充满恐惧的生活，重返主人道德。尼采发现，用社会毁灭替换自我毁灭，无助于减轻我们的虚无主义，因为上帝之死只会导致我们去寻求新的上帝。正是基于此，尼采对政治的关注要少于对个体的关注，因为政治运动不可能解决我们的虚无主义问题，只要我们仍然拒绝生命而非拥抱生命。

继尼采之后，虚无主义越来越被视为值得探索的哲学主题。尼采已经证明，尽管虚无主义是破坏性的，但它在日常生活中激励了那些通常被认为建设性的行为。这些行为包括沉思、锻炼、做志愿者、社交和聚会。因此，尼采鼓励哲学家通过考察日常生活来考察虚无主义。这样的考察旨在揭示，虚无主义行为比我们所认识到的更加常见，因为大众文化开始被视为鼓吹虚无主义的工具。于是，辨识虚无主义不再仅仅被视为一种学术训练，而越来越多地成为政治斗争的一部分。这场斗争既反对正当化自我毁灭的行径，也反对妖魔化任何批判现状者。

3

第三章 虚无主义（不）是什么？

我们可以通过阐明虚无主义**不是**什么，来更加严谨地定义虚无主义**是**什么。回溯从苏格拉底到尼采的虚无主义历史之后，我们现在已经发现虚无主义可以被理解为某种涵盖性术语，包括各种彼此相关的观念。可一旦我们着手对这些观念进行分类，很容易就会掉进认为"每一种东西都是虚无主义！"的陷阱，又会让我们产生"没有什么东西是虚无主义！"的想法。于是，为了保证虚无主义是一个有意义的概念，我们有必要把虚无主义和那些通常与虚无主义相关联但又不同于虚无主义的概念区分开来。它们包括悲观主义、犬儒主义和无动于衷等等。

虚无主义对悲观主义

如果说乐观主义指抱有希望,那么悲观主义就是指不抱有希望。一个悲观主义者会说:"有什么意义?"悲观主义通常与"玻璃杯有一半是空的"这样一种观察世界的方式相关联。但是由于玻璃杯只有一半是空的,这种情况对一个悲观主义者来说仍然是有希望的。一个可能更恰当的情境是,如果一个悲观主义者掉进井里,有人提出要救他,他很可能会如此回应:"为什么要花这个力气?在井里,在井外,我们同样会死去。"换句话说,悲观主义是黑暗的和令人沮丧的。但悲观主义不是虚无主义。

事实上,从上一章的观点出发,我们能够说,悲观主义是虚无主义的**对立面**。和虚无主义一样,悲观主义也可以被视为源于绝望。人终有一死的事实,期待的落空,结果的不尽如人意,我们的政治领导人发的推文……这些情况中的任何一种或所有,都会把我们引向虚无主义或悲观主义。但这两条路的分歧,决定于我们是老想着我们的绝望,还是想要逃避这种绝望。

和一个悲观主义者在一起,你会知道自己是和一个悲

和一个悲观主义者在一起,你会知道自己是和一个悲观主义者在一起。但和一个虚无主义者在一起,你可能不知道自己是和一个虚无主义者在一起。确实,你自己可能就是一个虚无主义者,却对此一无所知。

———————————————

观主义者在一起。但和一个虚无主义者在一起，你可能不知道自己是和一个虚无主义者在一起。确实，你自己可能就是一个虚无主义者，却对此一无所知。这样一种意识的缺乏，是虚无主义的关键，因为虚无主义总是与逃避绝望相关，而非老想着绝望。伍迪·艾伦曾经在他的电影《安妮·霍尔》（1977）中解释过这种不同。影片中，艾伦的另一个自我艾尔维·辛格，在街边拦下一对夫妇并征求他们的意见：

> 艾尔维：（他走上人行道，来到一对打扮时髦、互挽胳膊的年轻夫妇面前）你们——你们看上去像一对真正幸福的伴侣。嗯，嗯……是吗？
>
> 年轻女人：是的。
>
> 艾尔维：是的！那么……你能——能不能解释一下你们的幸福？
>
> 年轻女人：哦，我非常肤浅、无知，实在没什么可说。
>
> 年轻男人：我也一样。

艾尔维：明白了。好吧，这真有趣。所以你们还是搞明白了什么，不是吗？

年轻男人：是的。[1]

艾尔维·辛格是一个悲观主义者。年轻男女是虚无主义者。

这一幕最有启发性的地方在于，它展示了一个悲观主义者如何能够揭示虚无主义者的身份。很可能就像德国哲学家阿图尔·叔本华的悲观主义有助于尼采反思自身的虚无主义。在这两个年轻人碰到艾尔维之前，他们只是一对幸福地肤浅而无知的情侣。但是，当他要他们解释他们的幸福时，他们就不再肤浅和无知了；他们不得不离开糊里糊涂的状态而变得拥有自我意识。并非**他们是幸福的**这一点揭示了他们的虚无主义；而是他们向一个悲观主义者解释**他们为什么幸福**的尝试，揭示了他们的虚无主义。表面上看，他们是心心相印的伴侣。但一切仅此而已。更深入探讨的尝试揭示了不存在什么更深入的东西。但正是面对这样一对幸福的伴侣时，一个悲观主义者的"为什么？"，揭示了他们的虚无。

如果如我之前所主张的那样，虚无主义和悲观主义是对立面，那么虚无主义实际上和乐观主义更接近得多。能看到玻璃杯有一半是满的，就是在想我们应该为我们所拥有的感到幸福，而不应该关注我们已经失去的东西。但是为我们所拥有的感到幸福，也可以是安于现状，无视已经失去的东西从而不必寻求改变。与之类似，相信所有问题最终都会解决，相信隧道尽头总是会有光明，就是相信生活是目的论的，相信我们所经历的一切背后一定有某个目标或目的——不管是上帝还是正义——在无形中发挥作用。

正是因为相信超凡的目标和超凡的目的存在，我们对凡人的目标和凡人的目的可以视而不见。同样，当我们把像马丁·路德·金这样的人尊为圣人或先知时，我们就不再把他仅仅视为一个凡人，由此也就不再有责任去效仿他，因为我们只需企盼一个像他那样的人会再次出现。如果说乐观主义让我们安于现状，让我们期待某种好事情会发生，或乐见其成，那么乐观主义就是在让我们什么也不做。换句话说，乐观主义，而非悲观主义，才类似于虚无主义。

虚无主义对犬儒主义

在古希腊，犬儒主义者就是像狗那样活着的人（希腊语 *kynikos* 指的是"像狗一样"），或更准确地说，就是根据犬儒主义哲学生活的人。这种哲学强调保持自然本性的真实，反对迎合他们所谓的社会的虚伪。今天，犬儒主义者类似于那种鄙视社会、认为其虚伪的人。他们之所以鄙视社会，不是因为他们认为社会是不自然的，而是因为他们认为那些组成社会的人是虚伪的。成为一个犬儒主义者，就是假设人的至恶，就是认为道德只是一种伪装，就是去推测那些看上去在帮助他人的人，实际上只是在帮助他自己。只相信自我利益的犬儒主义者让别人觉得他什么都不相信。与此相应，犬儒主义让人觉得就是虚无主义。但犬儒主义不是虚无主义。

就像悲观主义一样，犬儒主义与否定性相关。但悲观主义是关于绝望，关于生命面对死亡的无力感，犬儒主义则更多的是关于蔑视而非绝望。犬儒主义者不会说**生命**是毫无意义的，而只会说**人们关于生命的主张**是毫无意义的。犬儒主义者甚至会享受生活。他们喜欢嘲弄那些鼓吹利他主义存在的人,尤其是那些标榜克己奉公的政客。对于我们应该尝试多看看人好的一面的想法,只会让他们感到可笑。

悲观主义者并非虚无主义者,因为悲观主义者拥抱而非逃避绝望。犬儒主义者并非虚无主义者,因为犬儒主义者拥抱而非逃避谎言。逃避绝望的关键在于愿意相信人们可以与人为善,善有善报,即使我们无法亲历所谓的"善报"。但是对犬儒主义者来说,这样一种相信的意愿,就是天真、轻信和甘愿受人玩弄的意愿。犬儒主义者嘲笑这样的信念,不是因为犬儒主义者早已宣称这样的信仰必定为假,而是因为犬儒主义者意识到那些宣称这样的信仰必定为真的人们所代表的危险。

怀疑论者在做判断之前要等待证据。与之不同,犬儒主义者不相信证据,因为他们不相信任何人能够提供客观的证据。比起冒受欺骗的危险,犬儒主义者更喜欢保持怀疑一切的态度,因此会把那些甘冒如此风险的人视为易受愚弄者。于是,犬儒主义者能够通过激发他人为其不够犬儒主义而辩护来揭示他们的虚无主义,就像悲观主义者通过激发他人为其不够悲观主义而辩护来揭示他们的虚无主义。

犬儒主义者的启发能力的最好例证，或许莫过于柏拉图《国家篇》的开头，色拉叙马霍斯和苏格拉底之间的那场辩论。色拉叙马霍斯一登场就嘲笑苏格拉底不断质疑他人对正义定义的举动，然后要求为给出正义的真正定义得到报酬。这一要求得到满足后，色拉叙马霍斯把正义定义为强者为鱼肉弱者而发明的伎俩，定义为强者攫取权力的手段，即向社会灌输服从就是正义的观念。色拉叙马霍斯进一步指出，人们只要有可能就会做非正义的事情，除非他们太害怕被抓和惩罚。他于是得出结论，非正义要好于正义。

当苏格拉底尝试通过把政治领袖比作医生、比作那些拥有力量却不滥用力量的人来驳斥上述定义时，色拉叙马霍斯并没有像其他人那样接受这种拒绝，而是拒绝苏格拉底的拒绝。色拉叙马霍斯指控苏格拉底太天真，就像一只绵羊，居然认为牧羊人保护和喂养绵羊是因为**天性为善**，而不是**为了宰杀才把它们喂肥的**。苏格拉底一直没能驳倒色拉叙马霍斯，而色拉叙马霍斯的犬儒主义也确实更令人信服，以至于苏格拉底在《国家篇》的剩余部分都在尝试

第三章　虚无主义（不）是什么？

证明正义好于非正义。他通过非正义带给灵魂的影响做出形而上学式的断言,来拒绝非正义之人的明显成功。于是,苏格拉底只能通过相信一个不可见世界的存在来抵抗可见世界里的犬儒主义。他认为比起可见世界,那个不可见世界**更为真实**。换句话说,正是色拉叙马霍斯的犬儒主义迫使苏格拉底显露了他的虚无主义。

这里,我们可以发现虚无主义实际上与理想主义而非犬儒主义更接近。犬儒主义者自诩现实主义者,因为他们关心的是行为而非动机,关注的是人们做了什么而非希望实现什么。他们牢记过去那些被抛弃的承诺,是为了避免轻信那些目前还未被抛弃的承诺。与此不同,理想主义者拒绝犬儒主义那种无望的否定。通过聚焦于动机、希望和未来,理想主义者能够提供积极的愿景以抵御犬儒的否定性。但在拒绝犬儒主义的同时,理想主义不也拒绝了现实吗?

正如我们在苏格拉底那里看到的,理想主义者难以挑战犬儒主义者的现实观,只能被迫建构一个替代性的现实,一个观念的现实。这些观念或许可以形成一个关于现实且逻辑连贯的故事,但绝对无法保证这些观念不仅仅是一个故事。由于理想主义者越来越多地关注现实**应该**怎样，他们变得越来越不考虑现实究竟**是**什么样。比起犬儒主义者的反乌托邦观点，理想主义者的乌托邦观点或许更具竞争力。但是反乌托邦观点至少关注了**此岸世界**，而根据乌托邦这个词的定义，其所关注的是**并不存在**的世界。于是乎，用主张彼岸世界的理想主义来拒绝关注此岸世界的犬儒主义，显然是涉入了虚无主义。

虚无主义对无动于衷

除了悲观主义和犬儒主义，虚无主义还经常被和无动于衷相关联。做一个无动于衷的人，就是做一个没有痛苦、没有感觉、没有欲望的人。尽管我们都会偶尔面临一些无论如何都不会异乎寻常地改变我们的选择（"你想吃意大利菜还是中国菜？"），但这样一种无所谓是无动于衷者一贯的态度。于是，做一个无动于衷的人，就是被视为不关心任何事情。悲观主义者感到绝望，犬儒主义者蔑视一切，但无动于衷的个人没有任何感受。换句话说，无动于衷可以被看成虚无主义。但无动于衷绝不是虚无主义。

无动于衷可以是一种态度（"我不在乎**这个**"），也可以是一种性格特征（"我**什么**都不在乎"）。但不管哪种情况，无动于衷者都在表达一种个人感受（或更准确地说，是**麻木不仁**），也不主张人们应有什么样的感受（或者就应该麻木不仁）。无动于衷者完全清楚，其他人有不同的感受，但他们的感受就是无所谓。而且，由于无动于衷者对一切满不在乎，无动于衷者甚至没有任何想要说服他人和自己一样对一切满不在乎的欲望。别人可能会在乎，但无动于衷者不会。而且因为他们不在乎，他们也就不在乎他人所在乎的。

但是，无动于衷仍然总是被那些在乎的人视为一种冒犯、一种侮辱、一种非难。比如，在美国音乐电视台（MTV）的节目《达莉亚》（1997—2002）——一部关于某个"对一切满不在乎的"[2]高中生的剧集——中，达莉亚·摩根多菲尔和她的朋友简·莱恩有如下一段对话：

> 达莉亚：悲剧击中了校园，每个人都想到我。一个受欢迎的家伙死了，而我现在成了受欢迎的，因为我是一个可怜的小妞。但是，我并不可怜。我只是和

他们不一样。

简：它还的确是让你有所思了。

达莉亚：有意思。非常感谢。

简：不！那正是他们想要和你聊聊的原因。当他们说"你总是不开心，达莉亚"时，他们的意思是说，"你有所思了，达莉亚。我看得出来，因为你没有笑。现在这家伙死了，这让我有所思，也害苦了我的小脑瓜儿，并且让我不再有笑容。所以，告诉我你是怎样应付一刻不停的思考的，达莉亚，直到我能返回平常的植物人状态"。

达莉亚：好吧。那么你为什么还躲着我？

简：因为我在尝试什么也不想。[3]

就像悲观主义者和犬儒主义者，无动于衷者也能够揭示其他人的虚无主义。不像前两者，无动于衷者实际上并没有尝试这样做却做到了这一点。不同于悲观主义者和犬儒主义者挑战他人去解释他们不够悲观主义或犬儒主义的原因，无动于衷者是被挑战者，他们被他人挑战解释他们不那么痛苦的原因。为了尝试让无动于衷者在乎，那些确实在乎的人被迫向他们解释**为什么**要在乎，这种解释恰好能够揭示有意义（或无意义）如何成为人们在乎的原因。

无动于衷者不在乎。但是，**不在乎**不等于**什么都不在乎**。无动于衷者没有感受（feels nothing）。但虚无主义者有感受。虚无主义者所感受到的东西，恰恰就是**无所谓**（nothing）本身。而且，正是因为虚无主义者有如此强烈的感受，尤其是对"无所谓"的事物，虚无主义者不是也不可能是无动于衷者。虚无主义者会同情、共情和反感，但绝不可能无动于衷。

尼采尝试在论述中证明，虚无主义中的感受不同于他所谓的"同情的道德"[4]。同情的道德主张，同情那些需要同情的人是善好的，行为受到这种同情驱动，尤其善好。但是根据尼采，那经常推动我们产生助人欲望的东西，是我们在看到有人需要帮助时如何审视我们自身，尤其是我们发现自己有能力提供帮助以及有足够的**力量**提供帮助时。

对尼采来说，同情的道德无关助人，而关乎通过降格他人来拔高自己，通过把他人降格为穷途末路，降格为我们所没有经历的困境来反映我们的顺风顺水。只要同情能够让我们逃避现实，比如能够让我们感到比实际的自己优越，比那些有需要的人优越，同情就是虚无主义的。因此，我们能够避免认识到，我们实际上可能只是运气更好或特权更多而已。

同情的道德驱使我们感受同情，并因为感受到同情而感觉良好。拥有这样的感觉比没有感觉还要糟糕得多，因为我们如果在感受同情时感觉良好，就会去帮助那些让我们感到同情的个体，而非去结束那最初创造这种充满同情的环境的系统性非正义。无动于衷可能有助于我们避免因情感而变得盲目，有助于发现非正义的环境，而同情似乎仅能通过推动我们帮助贫困者而使这种状况永恒化。我们更会因帮助那些被我们仅仅视为**贫困者**的人而永远自我感觉良好，进而导致非正义永恒化。

但这不是说我们应该无动于衷，应该尝试驱使自己没有感受。斯多葛学派和佛教的通俗解释都提倡冷静、超脱和尝试**不去感受**我们所感觉到的东西。强迫自己成为无动于衷者是虚无主义的，因为这样做就是逃避而非直面我们的感觉。因此，无论**作为**无动于衷者和**成为**无动于衷者之间，还是把漠不关心作为处世的方式与超然于各种感情和羁绊之间，和我们因想要从我们的感觉和爱恋中解放出来而成为漠不关心者之间，都存在重要的差异。与此类似，即使不是因为斯多葛派或佛教，而是因为赶时髦，成为超脱者仍然是在尝试让自己超脱自己，超脱生活，超脱现实。于是，就像追求**无欲心境**或**涅槃**，追求**反讽**也是虚无主义的。

第四章 虚无主义是什么？

上一章我们看到，虚无主义逃避现实而非直面现实，相信彼岸世界而非接纳当下此岸世界，尝试让我们感受到自己的力量而非承认自己的虚弱。虚无主义因此更接近于乐观主义、理想主义和同情，而非更接近于悲观主义、犬儒主义和无动于衷。我们还发现悲观主义、犬儒主义和无动于衷有助于激发虚无主义，因为这些生活方式的消极性能够引领人们追求更为积极的生活方式。这样的结论暗示着，比起一种主张生命没有意义的哲学[1]，一种主张生命有意义的哲学[2]似乎更接近于虚无主义。

可是，对很多人来说，虚无主义只是对生命意义的拒绝。唐纳德·克罗斯比在1988年的著作《荒诞的幽灵：现代虚无主义的根源与批判》中，提供了一种虚无主义的类型学，区分了五种不同类型的虚无主义。克罗斯比写道：

> 本章所讨论的各种虚无主义类型都有一个共同之处，即一种否定或拒绝的态度，就像虚无主义这个术语本身所暗示的那样。每一种虚无主义都否定人类生活的某一重要方面。**政治虚无主义**否定我们当下生活于其中的政治结构，以及表现这些结构的社会和文化观点，它很少甚至没有建设性愿景的替代方案或实现计划；**道德虚无主义**否认道德义务的意义、道德原则或道德观点的客观性；**认识论虚无主义**否认存在任何不被严格限定于某一单独个体、群体或概念架构中的真理或意义之类的事物，任何不是完全相对于这些个体、群体或概念架构而言的真理或意义之类的事物；**宇宙论虚无主义**否认自然的可理解性或价值，认为它对人类的关切无动于衷或充满敌意；**生存论虚无主义**否定生命的意义。[3]

正如克罗斯比所证明的那样，即使我们尝试区分虚无主义的不同类型，我们最终会几乎不可避免地把它们重新合并为"生存论虚无主义",因为"每一种虚无主义都否定人类生活的某一重要方面"。这有助于解释虚无主义为什么总是不仅与犬儒主义的表现有几分神似,还与相对主义这样的哲学立场有所关联。但我们必须小心,因为把不同类型的虚无主义视为"一种否定或拒绝态度"的各种不同版本,会使虚无主义看上去只涉及**个人**,从而把虚无主义的重要性降低。

基于这一原因,我们需要对虚无主义有一确定的理解。比如,虚无主义究竟是一种态度,一种性格特征,一种哲学立场,还是完全不同的其他东西?为了达到这样一种理解,我将在本章探讨思考虚无主义的四种方式。这四种观察虚无主义本质的哲学视角,不仅有助于揭示虚无主义是什么,还有助于揭示虚无主义可能的危险。这种危险不仅是针对个人的,更是针对整个世界的。

虚无主义作为一种拒绝

正如当代分析哲学家詹姆斯·塔尔塔利亚在其《无意义生活中的哲学:一个虚无主义、意识与现实的体系》

（2016）一书的书名中所宣称的那样，他相信生活是没有意义的。塔尔塔利亚把虚无主义定义为拒绝相信生活本身是有意义的，从而把自己定义为一个虚无主义者。但是把虚无主义视为一种之于现实的事实的声明时，塔尔塔利亚进一步指出，认为虚无主义是坏的、否定性的，或者以任何方式推动坏的或否定性的行为，这些看法都是错误的。把生活和国际象棋游戏相比较时，塔尔塔利亚指出，即使对弈本身无意义，但每一步棋也都是有意义的；以此类推，即使生活**本身**无意义，我们也可以在我们的生活中发现意义。塔尔塔利亚发现，我们的确可以在日常生活中寻找到意义，却没有任何证据或理由相信生活本身有意义，因此我们不应该假设生活的无意义性在某种程度上是某种生存论或道德灾难。

对塔尔塔利亚来说，虚无主义是描述性的而非规定性的。根据塔尔塔利亚，尽管我们浸淫于这个世界，浸淫于我们日常生活的"结构"（frameworks），我们还是被迫以某些生物性和社会性的方式行事，在这些方式里我们能够发现意义。于是，我们从局部生活的意义类推出整个生活是有意义的，于是一厢情愿地认为我们的行为自有其道理，那么支持我们行为的道理也必然自有其道理。但塔尔塔利亚追随海德格尔，在我们的焦虑和无聊的感受中看到了虚无主义的"音调"（attunement），看到了一种让我们摆脱日常结构的能力，一种洞悉这些结构的无意义性和纯粹偶然性的能力。但不同于尼采，塔尔塔利亚把我们从焦虑和无聊中重新回归这些结构的能力，视为虚无主义没有实践的或激发性的力量的证据。于是，塔尔塔利亚批评尼采视虚无主义为某种**危险**的并需要被**克服**的东西，却没有认识到虚无主义只是一个**事实**，不但可以被忽略，而且毫不困难。

塔尔塔利亚缩小虚无主义的方法，让他认为其他关注虚无主义的哲学家都夸大了虚无主义的重要性。对塔尔塔利亚来说，认为生活是否有意义这个问题之于我们日复一日的生活有意义，就是一种范畴性错误。生活本身是否有意义的问题在塔尔塔利亚那里是一个形而上学问题，但那些认为虚无主义是否定性的或危险的哲学家们错误地相信，形而上学之于普通人的日常生活来说同样紧要。

无聊和焦虑可能会向我们揭示我们行为的无意义性，但由于人们——非哲学家的人群——能够抛开无聊或焦虑并继续他们的生活,所以塔尔塔利亚认为虚无主义的真理在显示给我们时并不会导致我们自杀或堕落。在塔尔塔利亚看来,如果人们确实在发现虚无主义的真理后自杀或堕落,那不是虚无主义的错,而是那些人之前过度沉湎于幻觉的错。根据塔尔塔利亚,如果我们过着自己的生活并且尝试为善,同时虚无主义也是真实的,那么最需要改变的不是去发现虚无主义的真理,而是用一种真正的形而上学信念替代一种错误的形而上学信念。

塔尔塔利亚认为,如果人们能尝试为善,感到无聊,能发现生活毫无意义,从而中断无聊并重新尝试为善,那么认为虚无主义对我们有控制力就是一个错误——一个尼采及其所有追随者都犯过的错误。塔尔塔利亚写道:

> 我认为尼采和许多其他哲学家都大大高估了对总体目标的信仰的动机性意义和道德意义。这样的信仰对于结构参与(framework engagement)来说毕竟不是必不可少的;如果事实如此,那么很难说我们已经了解了虚无主义,因为没有人会有足够的动机去写作关于虚无主义的东西。或许这样的信仰对某些宗教人士

的结构参与来说非常重要，在道德范围里尤其如此。但是，这种信仰不可能总是必不可少的，因为人们有时候确实丧失了他们的信仰却能够继续活下去。[4]

塔尔塔利亚宣称，如果人们能够失去信仰并一如既往地生活，那么信仰就不像人们——或像尼采那样的哲学家们——曾经假设的那样"必不可少"。

但这种对"尼采和许多其他哲学家"的批判，基于对尼采和这些哲学家分析焦点的误解之上：正是我们能够"一如既往"的能力让尼采及其追随者担心不已。这些哲学家并不认为虚无主义是一种之于现实的事实的声明，一种关于现实的真相。相反，虚无主义被他们视为对现实的一种反应。对尼采来说，发现生活是无意义的并非虚无主义；相反，发现生活无意义**但仍然继续活下去**才是虚无主义。塔尔塔利亚所谓应对虚无主义的方式——停止无聊和焦虑，重归我们的日常生活中——恰好是尼采用虚无主义这个术语所表达的意思。换句话说，尼采希望我们去克服的，不是塔尔塔利亚用"虚无主义"表示的东西，而是他用"生活"表示的东西。

塔尔塔利亚应对虚无主义的方法就像是在解一道数学题。如果你认为数学有意义，认为圆周率无论如何都具有一种宇宙论的重要性，那么你就拥有一个问题，一个可以用虚无主义来解决的问题。虚无主义不会影响数学的真理性，而只是揭示了我们通过数学错误推导出来的形而上学内涵缺乏真理性。由于绝大多数人在绝大多数时光中并不挂念这些形而上学内涵，所以虚无主义并非绝大多数人在他们的绝大多数时光中所挂念的东西。

但是正如我们已经看到的那样，对尼采来说，虚无主义相关于存在于这个世界上的东西，而非位于这个世界背后的东西。根据尼采，生活的无意义性并非源自宇宙的本性，而是源自我们文化的本性。生活**是**有意义的，但只在**我们活着**时才如此。可是，有意义地活着——像人一样活着，根据我们自己的价值而非强加给我们的价值活着——会危及我们的文化，危及那些因为我们的文化而拥有权力的人。于是为了保护我们的社会，那些当权者会引导我们相信只存在一种合乎道德的生活方式，即实现自我抑制。我们学会抑制我们的冲动、我们的欲望、我们的本能，像一个文明人那样过我们的日常生活。尽管如此，我们这样做不是因为我们**想要**过这种生活，而是因为我们被教化得完全相信我们**应该想要**过这种生活。根据尼采，尝试过一种我们**应该想要**的生活，就是在让我们变成虚无主义者，正因为如此我们才开始把死亡视为自由，视为摆脱生活的自由。而我们要摆脱的生活就是我们的文化所定义的生活，塔尔塔利亚所定义的生活。

塔尔塔利亚发现我们的生活是无意义的，但他只把这一点作为现实的事实接受下来。这种接受导致塔尔塔利亚主张我们尝试不去思考这一事实，而重新过无意义的生活。塔尔塔利亚写道：

> 于是，对于我们在认识到虚无主义的真理后该做些什么的问题，临济义玄的建议可能会大有益处："无用功处，只是无常无事，屙屎送尿，穿衣吃饭，困来即卧。"[5]

被塔尔塔利亚视为我们的生活方式的东西，在尼采看来就是虚无主义这个语词最为深刻的意义。塔尔塔利亚似乎同意尼采的观点，即虚无主义相关于在拒绝中生活，但

第四章 虚无主义是什么？

尼采用"拒绝"所表达的意思正是塔尔塔利亚用"接受"所表达的意思。于是乎,塔尔塔利亚把虚无主义视为一种无足轻重的关切。这导致他把生活视为一种无足轻重的关切。

虚无主义作为对死亡的拒绝

为了更深入地理解虚无主义意味着什么,我们还必须更深入地理解生活意味着什么,而存在主义哲学就可以提供这种理解。存在主义可以追溯至丹麦哲学家索伦·克尔凯郭尔的著作。单是书名——如《恐惧与战栗》(1843)、《焦虑的概念》(1844)和《致死的疾病》(1849)等——就能引出令人焦虑的存在主义主题,如必死性、信仰和伪善等。德国哲学家马丁·海德格尔也是存在主义重要的基础性角色。尽管海德格尔是存在主义的批评者,但他的著作仍然对存在主义者深有影响。他的《存在与时间》(1927)尤其具有影响力。在书中,他探讨了日常生活的"非本真性",因为充斥这种生活的,是诸如闲谈这样的无意义行为,让我们避免了面对死亡的焦虑,但死亡才会让我们成为"本真的人"。

但存在主义总是与法国哲学家、抽烟、喝酒以及对死亡的痴迷相关联。这些虽然都没有错，但容易让我们更关注存在主义者本人，而非他们写作的主题。确实，存在主义已经开始更多地与他们的传记而非他们的著作联系。这令存在主义显得有些浅薄，而让-保罗·萨特、西蒙娜·德·波伏娃和阿尔贝·加缪在他们的哲学和文学作品中尝试揭示的，正是这样一种浅薄。

萨特、波伏娃和加缪著作的共通之处，以及与克尔凯郭尔、海德格尔著作的共通之处，是对生活意义的追问。正如我们已经看到的那样，这个问题对哲学家来说是一个永恒的关切，尤其是一个形而上学的关切。存在主义者处理这个问题的不同之处在于，他们指出第二次世界大战的经验似乎让生活不仅变得无意义，还变得**荒诞**了。

成千上万的人被杀害，纳粹主义和法西斯主义横行，世界末日似乎即将到来。但人们继续在吃饭、工作、闲谈、买东西、睡觉，继续活着，好像一切都没有变化。看到这些惯例在生活已经完全不正常时还能让生活继续"正常"下去，就会发现这样的惯例不仅能够让生活很容易被引导，还能让生活很容易被忽视。不管是面对全球大战还是面对我们自己的必死性，通过保持秩序、规律和纪律，我们能够把我们自己和世界降格为最平凡的关切，从而避免必须思考比晚餐吃什么更重要的问题。换句话说，我们过着一种荒诞的生活。

但正如存在主义者所主张的那样，我们通过超越来实现这种降格俨然是一种悖论：我们行动着，仿佛生活是无所谓的；但我们之所以这样做，是因为我们相信死亡是无所谓的。我们把自己视为被创造的存在者，和其他被创造者一样的存在者，从而认为我们也有自己的创造者，后者用本质充满了我们。这种本质超越了我们个体性的生存。不管我们视这个创造者是上帝还是DNA，都不重要，重要的是我们倾向于假设，在这两种情况下我们都视自己为具有某种本质的被造物。这种本质规定我们为人，赋予作为人类一部分的我们一个目的。从这个角度看，我们日常生活的所作所为，可以被视为我们本质的结果，或更正式地说是**人性**的结果，而非个人自由的结果。

由于否认上帝的存在和生活的目的性，存在主义者被视为虚无主义式的无神论者。但存在主义者并不打算主张不管是面对全球大战还是面对我们自己的必死性，通过保持秩序、规律和纪律，我们能够把我们自己和世界降格为最平凡的关切，从而避免必须思考比晚餐吃什么更重要的问题。

_____

无神论,因为正如我们已经看到的那样,DNA可以承担与上帝相同的解释功能。相反,存在主义者尝试揭示我们对人性的信仰才是虚无主义的。不管我们认为人是被上帝创造的还是受DNA摆布,只要我们用"只是作为人而存在"来为我们的行为辩护时,我们就是在避免必须对我们的行为负责。依靠人性来解释我们的行为,就是把我们自己视为被决定的,而非自由的,就是自视为被决定的物,而非能够为自己做决定的人。

萨特宣称,存在主义的格言是"存在先于本质"[6]。换句话说,**"我们是"**先于**"我们是什么"**。即使我们具有本质,它也只是来自我们的决定,而非任何超自然的造物主或遗传基因。我们不是制造好的;相反,我们就是我们自己。因此,只有我们认识到自由和责任是一枚硬币的两面,我们才能拥有想要的自由——至少我们一直如此宣称。追随着海德格尔,存在主义者把我们对责任和自由的拒绝视为我们对死亡的拒绝的结果。

意识到我们可能会在任何一刻死亡,可以令我们严肃对待生命中的每一瞬间,仿佛这一瞬间就是我们的最后时光。但由于我们不想负起这样的责任，所以我们就像自己会永生那样行事，并且把这样一种生活方式视为自由。我们当然清楚自己会死去，但我们要么把死亡视为在遥远的未来才会发生的事情，要么视为可以用科学技术或其他什么办法解决的问题。因此我们不能严肃地对待每一天的生活，不能严肃地做决定，于是我们所行使的自由只是埋怨他人的自由——埋怨上帝、DNA、社会或任何人，唯独不埋怨我们自己，而我们成为什么人，我们如何生活，已经定型了。

但并不是说其他因素在我们定型的过程中没有起作用。相反，存在主义者想要我们认识到，我们乐意接受这样的幻觉，即偶然之物（如性格）实际上是必然的，必然之物（如死亡）实际上是偶然的。正如波伏娃在《第二性》（1949）中所言："人不是生而为女人，而是变成了女人。"[7]我们乐意接受这样的观念，即女人由于染色体的不同而异于男人，因为这样的观念释放了必须根据我们的行为而非基因来定义我们自己的压力。还有，我们不去质疑区分"女人"和"男人"的根源，反而去拥抱这样的区分，并且尝试根据这种区分来生活,让这种区分来定义我们是谁,来决定我们应该是谁。

女人永远应该是女人,男人永远应该是男人,英雄永远应该是好人,反派永远应该是恶人……这样的叙事令人安心。它们用本质主义的清晰性替代了生存的荒诞性。但它们之所以令人安心,完全是因为它们是虚构的,我们生下来就进入这种虚构,并一直维持着这种虚构,虚构把生活中让人焦虑的灰色转换为20世纪50年代的情景喜剧中那令人心安的黑与白。黑与白的符号让生活变得更加容易,却是通过让生活变得毫无生气来实现这一点的。

存在主义揭示了我们在尝试逃避责任时最终逃避了自由,而且在尝试逃避死亡时最终逃避了生命。于是,虚无主义被视为我们恐惧死亡的结果,而我们越是想逃避死亡,就越是虚无主义的。正如存在主义者所做的那样,指出生命是无意义的,并非是主张虚无主义,而是去和虚无主义战斗。通过消除我们所依赖的虚假的意义根源(如上帝或DNA),我们能够直面这一事实,即我们是孤独的;还能拥抱这一事实的后果,即只有我们能够赋予我们的生活以意义。

虚无主义作为对意义之死的拒绝

存在主义与萨特、波伏娃以及加缪这几人的联系是如此紧密，以至于他们的离世不能不导致存在主义的衰落。然而后现代主义并不与任何特定的人物相关。确实，"后现代主义"已经成为如此被滥用或嘲弄的术语，以致很少有人（如果还有的话）想要和它扯上关系，更不要说让自己等同于"后现代"。于是，"后现代"这样一个术语似乎就意味着我们不理解的东西，无法理解的东西，以及为了挑战我们能够理解任何事情这一信念而出现的东西。换句话说，后现代主义不仅被很多人视为虚无主义，而且视为有目的的虚无主义、时髦的虚无主义或**表演性的虚无主义**。

没有人想被等同于后现代主义。但凡事都有例外，法国哲学家让-弗朗索瓦·利奥塔就是其中之一，他于1979年出版了《后现代状况：一份知识报告》。受路德维希·维特根斯坦在《哲学研究》中提出的"语言游戏"这一概念的启发，利奥塔认为，每一领域的知识、每一种学科、每一种科学都有特定的叙事及自己的类游戏规则。这么做不仅是为了传播知识，更是为了正当化其知识主张。这些主张都根据这些规则来书写、表达、出版、质问和挑战，但这些规则并没有被写下来和格式化，也是每一知识领域的所有参与者要去学习和维持的东西。让这些语言游戏**不仅仅是游戏**的东西，是它们的正当化实践本身被存在于每一领域之外的叙事所正当化，而这些叙事被社会当作给每个知识领域提供基础的整体所接受。利奥塔称之为"元叙事"[8]。

至少后现代之前的知识就是这样运转的。根据利奥塔，随着计算机技术的兴起，元叙事开始越来越失去其正当权力，因为知识越来越被视为**信息**。与致力于人类之善以及为知识而知识的科学家相关的元叙事开始变得过时。把知识看作信息，就是把知识看作权力，不仅看作知识领域的解释权力，还看作社会领域的政治和经济权力。科学家的主张不再仅仅由科学家来正当化，因为政府资助和公众支持总是正当化的重要方面。但越来越多的政府和公众只去资助与支持**富有成效的**东西，因为那样才能生产有助于政治和经济决定的必要信息。换句话说，与**有利可图相比**，什么是**真的**已经不那么重要了。与之相应，现在科学、技术、工程和数学即STEM①领域获得的资助和支持要比人文学科多得多。这些领域生产着更容易被视为真理的东西,因为它们生产的东西更容易用效益来衡量。

但人文学科和STEM间的歧异削弱了双方的正当性。人文学科生产着让科学知识正当化的元叙事,不管这些元叙事是精神的还是道德的,因为它们把科学追求嵌入对生命意义的追求之中。同时,由于科学家也像人文学科学者那样参与了语言游戏,他们同样有助于人文学科语言游戏的正当化。但是当科学家不再需要解释他们的行动,而只需要生产结果时,精神和道德的语言游戏被产出与效益的语言游戏所替代。即使科学与技术的进步仍然被等同于**人类的进步**,但随着人文学科的衰落,"人类的进步"的元叙事只能用成本效益分析的语言讲给我们听了。

利奥塔写道:"简而言之,我把**后现代**定义为对元叙事的怀疑。"⁹后现代主义是这样的认识,即叙事、观念与价值这些我们用来赋予生命意义的东西,都是死亡的贝壳——

---

① STEM是科学(science)、技术(technology)、工程(engineering)和数学(mathematics)四个英文单词首字母的合称。

或者更准确地说，是这样的认识，即这些叙事、观念与价值**一直都是**死亡的贝壳。计算机技术的兴起并没有破坏社会的基本结构；相反，它揭示了这种结构的存在，显示了这种结构之下一无所有[①]。被利奥塔视为正当性危机的东西，不是科学的正当化实践被资本主义所败坏，而是——拜资本主义所赐——我们意识到这样的事实，即科学的正当性由实践所生产，且只由实践所生产，而这种实践本身的正当化，除了实践外没有其他办法。

但后现代主义没有哀叹而是拥抱这种正当性危机。认识到意义是一种产物，人类实践的产物，就是认识到围绕着意义的创造的可能性，就是不再固守那种徒劳的幻觉，即意义是永恒的、普遍的和不变的。后现代主义不再把传统叙事、观念和价值视为现实的基石，主张除了实践，诸如围绕着接受那些**被发现的**而非**被发明的**基础的实践，现实没有基石或基础。

后现代主义的反基础主义，即意义是建构出来的而非有真凭实据的，被批评者视为等同于鼓吹相对主义、唯我

---

① 这句话也可以译作"显示了那层织物之下**一无所有**"。

主义和无政府状态。主张不存在让我们发现有意义的事物的基础，以及我们由此能够重新定义有意义事物的意义，就会被视为在主张意义是无意义的。因为如果某种东西可以意味着任何东西，那么每一种东西都意味着虚无。于是，批评者视后现代主义为虚无主义的。

但从后现代主义的视角看，这样的批评只是在坚持被给予的意义，而非在质问意义的给予性。把意义这种人类的创造物具体化，并视作被发现的东西，好像是我们发现而非我们制造了意义，就不仅是在否定人的中介作用，也是在拒绝意义的意义。因此正是这些后现代主义的批评者，即基础主义者，在拥抱无意义性，而他们所使用的方法，就是不承认考察意义的本质和历史的必要。

被这些批评者所误解的是，后现代主义并不鼓吹意义的社会性结构，而主张意义是被社会性地建构的，而且总是如此。否认社会性结构就是在否认现实。基础主义者假定必然存在某种终极的意义基础，如上帝、本质或科学事实，假定后现代主义以革命之名拒绝这样的基础。与此相反，后现代主义认为没有什么东西可以拒绝，没有什么东西可以反对，因为没有什么终极的意义基础。因此，后现后现代主义是这样的认识,即叙事、观念与价值这些我们用来赋予生命意义的东西,都是死亡的贝壳——或者更准确地说,是这样的认识,即这些叙事、观念与价值一直都是死亡的贝壳。

———————————————

代主义并不反对基础，而反对基础主义。因为基础具有需要被考察的复杂文化与政治历史，基础主义对这样一种考察的拒绝，就是不愿意看到"上帝""本质"和"科学事实"背后的历史。

于是，后现代主义可以被视为已经获得存在主义的洞见，即"存在先于本质"，并把这一洞见运用于人类，乃至每一种事物。但是萨特创造的这一存在主义格言，是为了清楚地阐释人类与众不同的原因，从而解释人为什么不能按照客体存在的方式被定义。存在主义和后现代主义之间似乎存在着某种张力。

对存在主义来说，虚无主义之所以出现，是因为对死亡的意义的拒绝，从而导致对自由、责任的意义甚至人性的拒绝。对后现代主义来说，虚无主义之所以出现，是因为对意义的死亡的拒绝，从而导致对历史、语言、创造性从而还有意义的意义的拒绝。但后现代主义似乎会因此把存在主义视为虚无主义的，因为存在主义建构了一个以死亡为中心的基础主义，死亡具有了永恒不变的意义。同样，存在主义似乎会把后现代主义视为虚无主义的，因为后现代主义反基础主义，宣称所有的意义都是由社会建构的和可变的。这种主张可以被视为通过否认死亡具有任何内在意义而逃避死亡。

尽管存在主义与后现代主义可能在死亡的意义问题上彼此对立，但更应该关注的是二者看上去仍然在虚无主义的意义这个问题上达成一致。不同于存在主义主张虚无主义来自对死亡的拒绝，后现代主义主张虚无主义来自对意义的死亡的拒绝。尽管如此，在这两种情况中，虚无主义都被理解为对现实的逃避，不论是通过不愿直面做一个人意味着什么的问题，还是通过不愿直面意义之于人性的问题。更具体地说，对存在主义和后现代主义来说，虚无主义都是以逃避自由的形式来逃避现实。

虚无主义作为对童年意义的死亡的拒绝

在1948年出版的《暧昧的伦理》一书中，西蒙娜·德·波伏娃——一个比起萨特或加缪来说更为后现代的存在主义者——提供了一种关于虚无主义本性的描述。受笛卡尔成人因为不再是孩子而不快乐的观点影响，波伏娃把虚无主义描述为一种重新成为孩子的尝试。儿童发现自己处在否认社会性结构就是在否认现实。

————————————————

一个并非由他们自己创造的世界里,这个世界中的每一种东西都已经被成人定义清楚了,因此这个世界是一个需要学习的定义世界和需要遵守的规则世界。波伏娃把在儿童眼中的成人世界称为"严肃的世界",以区别于那个"轻松的世界",那个儿童能够自由体验的世界。因为在那里——相对于成人的严肃——儿童似乎什么都可以不在乎。

但是,随着我们逐渐长大,失去了童年的天真,我们发现我们的世界观仍很幼稚,发现这个世界并没有被搞清楚,发现我们的生活并不像看上去的那样按部就班,更发现我们的行动所造成的后果远比我们认识到的严重得多。于是,童年被证明并非一种逃避责任的自由,而是逃避现实的自由,**逃避自由的现实性**的自由。根据波伏娃,这样一种自由的丧失,会驱使我们不止怀念我们的童年,更会尝试再一次变成孩子,而方法就是用孩子看待世界的方式来看待世界。波伏娃称这种方式为"严肃的精神"[10],因为被这种怀旧淹没的个体,只想要把他们童年想象中的严肃世界变成现实。

严肃的人们借助于追求幼稚病和家长制来逃避自由与

责任。严肃的人们把自己变成孩子,只渴望需要学习的定义和需要遵守的规则。他们于是需要某种外部权威,因为后者能够提供这样的定义和规则,能够保证这些定义和规则永远不变、永远绝对。于是,就像孩子们会说"我爸爸说了不要那样做!",严肃的人们会以同样的方式说"我知道我的权利!"。这两种情况中都存在对一种外在权威的呼求,仅仅这一权威的存在,就足以要求每个人都**必须**根据权威的命令行动。

就像父亲说一切都会好起来,但孩子们依然会体验痛苦和悲剧,权利宣称保护我们,但侵犯仍然会不受惩罚地发生。孩子们和严肃的人们因此被迫认识到,没有外在的权威可以作为他们需要的保证人,可以让生活如承诺的那样继续,让正义实现,让好人赢得胜利,让我们经历的痛苦和苦难最终被证明有其目的。换句话说,没有外在的权威能够让孩子们和严肃的人们不用去面对生活的模糊性、不确定性和无解性。

根据波伏娃,就像儿童——对他们来说,生活不会变成他们所想象的那样——能够长大成为严肃的人们,严肃的人们——对他们来说生活不会变成他们欲求的那样——

也能够进一步倒退并成为虚无主义者。波伏娃写道：

> 严肃的人的失败有时候会导致一种彻底的混乱。意识到无能于成为一切，人会决定成为虚无。我们将称这种态度为虚无主义的。虚无主义者接近于严肃的精神，因为他并没有把他的否定作为一种活生生的运动来实现，而是以一种具有实质性的方式想象他的毁灭。他想要**成为**虚无，而他所梦想的这种虚无仍然是另一种存在，即完全黑格尔式的存在的对立面，一个固定不变的基准点。虚无主义是回过头来针对自身的失望透顶的严肃性。……看来，要么是在青春期——个体会在此时发现他的童年世界不再，从而感到那位于内心的东西的缺失——要么是在后来完全实现自己的抱负的尝试已经失败时，无论哪种情况，人们都会希望通过否定这个世界和自己来摆脱对他们的自由的焦虑。[11]

波伏娃认为虚无主义是一种"彻底的混乱"，一种"态度"，一种对自己的"毁灭"，以及一种通过"否定"

存在来摆脱"焦虑"的方法,并把这些规定概括起来,把虚无主义定义为"失望透顶的严肃性回过头来针对自身"。尼采把虚无主义定义为"最高价值的自行贬黜"。波伏娃这里是在呼应尼采的定义,因为想要发现生命有意义之证据的严肃的人无法找到这样的证据,从而在失望透顶中以对有意义性的拒绝作为归宿。

儿童在发现这个世界缺乏他们期望从中能够发现的意义时,变成了严肃的人。在把意义性想象为某种能够被发现、能够在事物中找到的东西后,儿童就变成了严肃的人,寻求着一个外在的权威,以为后者能够填补这个世界因为意义的缺失而留下的空虚。但由于严肃的人用这样一种非黑即白、非此即彼的术语想象意义问题,一旦他无法发现外在的权威,就无法发现一个有意义的世界。于是,失望透顶的严肃的人们开始拒绝那个他们曾经拥抱过的严肃的世界,而最终拥抱无意义性。面对一个没有外在权威的世界,失望透顶的严肃的人们更喜欢虚无主义式的毁灭,而非对自由的焦虑。

说虚无主义是"失望透顶的严肃性回过头来针对自身",也就是说"严肃性"的逻辑——如果存在外在权威，那么一切才很重要——在虚无主义的逻辑那里达到顶峰——如果不存在外在权威，那么一切都不重要。虚无主义因此就是对抗关于自由的焦虑的手段，因为它切断了自由和责任的关联，从而切断了自由与焦虑的关联。如果不存在外在权威来让我们的决定变得有意义，那么虚无主义者就会得出结论，即我们的决定不重要，所以我们不应该焦虑，反而应该尝试放松和无忧无虑。换句话说，做一个虚无主义者，就是像塔尔塔利亚和临济义玄所描述的那样生活。

从虚无主义的视角来看，担心自由问题毫无意义，毕竟所有的选择到头来都会迎来一样的终点：死亡。虚无主义者把死亡视为自由的无意义性的证明，进而将之视为存在的无意义性的证明。如果没有一个外在权威能够保证我们可以逃避死亡的结局，能够保证我们的行为具有超越我们微不足道的生命跨度的意义，那么存在似乎就成了一个残酷的笑话，而自由就是这个笑话的笑点。严肃的人没有抓住"笑点"，但虚无主义者抓住了。后者因此想要停止做严肃的人，只是说笑下去。

而做一个严肃的人，就是尝试把自由的责任外包给一个外在权威来逃避焦虑。做一个虚无主义者,就是通过毁灭自由而毁灭焦虑,其途径就是否定决定的有意义性。在波伏娃看来,纳粹就是这种虚无主义式的毁灭的例子。因为虚无主义者如果不设法去否定他人决定的意义("他们只是天生的杂种"),就不能否定他们自己决定的意义("我只是执行命令")。对虚无主义者来说,他人的自由是一种威胁,因为面对他人的自由,就是被迫面对我们自己的自由,更需要面对伴随而来的责任。这会重新把我们带入我们自己的焦虑。虚无主义者渴望无论何处都不存在自由,于是无论何处的自由对他们都是一个威胁。

当然,毁灭自由的尝试不需要也通常不会采取大屠杀的方式。自由可以像存在主义者所描述的那样,通过如下办法被毁灭,即把死亡视为不值得担心的事情,主张我们应该享受生活,而非总是杞人忧天。自由也可以像后现代主义所描述的那样,通过如下办法被毁灭,即把意义视为不值得担心的事情,主张我们应该接受传统的意义,而不是把生活不必要地复杂化。于是,波伏娃清楚地说明了,没有必要认为存在主义和后现代主义彼此对立。因为后现代主义所定义的虚无主义是不要严肃对待意义的意义,而存在主义所定义的虚无主义是不要严肃对待死亡的意义。于是我们看到，存在主义和后现代主义只是在定义虚无主义能采取的不同形式，定义"失望透顶的严肃性回过头来针对自身"的不同方式。

然而这不是说，只要我们不严肃对待某事，我们就是在实践虚无主义。当然，有很多事情确实不需要认真对待，比如《足球经理》、英国皇室或艾恩·兰德①。但虚无主义并非决定某事严肃性的过程的最终结果。相反，正如波伏娃把虚无主义比作"完全的混乱"那样，做一个虚无主义者就是去否定严肃的可能性，就是以一种类似于弗洛伊德所谓"自卫机制"的方式，本能地否定严肃的可能性。如果你被抓到在凌晨两点吃蛋糕并且说"我爱吃点心的遗传性倾向让我这样做"，那么你就是严肃的。但是，

---

① 艾恩·兰德（1905—1982），原名阿丽萨·济诺维耶芙娜·罗森鲍姆，俄裔美国人，20世纪著名哲学家、小说家和公共知识分子。她开创了客观主义哲学运动，也写下了《源泉》(*The Fountainhead*)、《阿特拉斯耸耸肩》(*Atlas Shrugged*)等数本畅销小说。她的哲学强调个人主义、理性的利己主义以及彻底自由放任的市场经济。她的小说尤其是《阿特拉斯耸耸肩》获得的评论褒贬不一。批评者认为这些小说往往过于冗长，充斥着不切实际而肤浅的角色模型，而且以文学技巧不高的情节来重复许多哲学概念。

如果你被抓到在凌晨两点吃蛋糕并且说"多大点儿事儿啊！不过是一块蛋糕而已"，那么你就是虚无主义的。

虚无主义者并不尝试像严肃的人们那样为自己的行为辩护。后者能够给出一些与外在权威相关的原因。这一权威能够证明这些行为是有意义的。相反，虚无主义者——他们已经让严肃性针对自身——并不认为自己的行为能够得到辩护，从而削弱了"原因给予"自身的实践效力。当有人一定要他们为自己的行为辩护时，虚无主义者会反客为主，质问非难者为什么如此大动干戈，是何居心。虚无主义者似乎参与了理性的论证过程，但这种参与是骗人的，因为他们把理性作为武器只是为了让论证变得没有目的。

克尔凯郭尔提醒，反思如果达到某种病态的程度，就会导致个体和文化的瘫软无力。在他的著作《当下的时代》（1846）中，克尔凯郭尔如此写道：

> ……当下这代人，厌倦了他们不切实际的努力，再度变得极度懒惰。情况就像一个人只有在接近破晓时才沉沉睡去：先是来一些伟大的梦想，然后觉得懒

懒的，最终为自己赖在床上不起来找到一个机智或聪明的借口。……他的**周围环境**并没有来帮助他，而是在他周围形成一种否定性的思想对抗，后者立刻就虚构出一种欺骗性的前景，这样做最终是通过指出一条走出困境的光明大道——告诉他最精明的事情就是什么事情也不做——来误导他。[12]

与此类似，德裔美籍哲学家汉娜·阿伦特把虚无主义视为一种思维方式，后者看上去很理性，实际上是对合理性目的的攻击。就像波伏娃把虚无主义定义为**严肃性反过来针对严肃性**，阿伦特把虚无主义定义为**思想反过来针对思想**。在她的最后一部著作《心灵的生活》（1978）中，阿伦特这样写道：

> 我们通常所谓"虚无主义"——我们也很乐意在历史中确定时间、在政治上反对"虚无主义"，并把它归因于那些据说敢于思考"危险的思想"的思想家——实际上是内在于思想行为自身的一种危险。不存在危险的思想；思想自身就是危险的，但虚无主义

不是它的产物。相反，虚无主义是传统主义的另一面；它的信条包括对当下流行的所谓积极价值的否定，它仍然必须遵守这些价值。所有批判性的检测都必须至少经过假设性地否定既有主张和"价值"这一阶段，所用方法就是发现它们的言外之意和心照不宣的假设，在这一意义上，虚无主义可能会被视为一种恒久存在的思想危险。

但是，这种危险并非来自苏格拉底式的信念，即未经检验的生活不值得一过，而是相反，来自渴望发现让进一步的思想变得没有必要的结果的欲望。思想对所有的信条都同样危险，而且本身并不会带来新的信条。从常识的角度来看，思想最危险的地方在于，你认为有意义的东西，会在你想要把它应用于日常生活的那一瞬间消失不见。[13]

我们可以看到阿伦特通过观察虚无主义者所使用的一种典型的反客为主策略，从而把虚无主义描述为来自一种"渴望发现让进一步的思想变得没有必要的结果的欲望"所表达的意思：之所以采取这样一种细致入微、脱离语境的行动观，是为了让它们显得太过荒谬而不值得担心。比如，把一个无礼的笑话仅仅简化成几个凑在一起会引人发笑的语词，或者是把性仅仅简化成几个聚在一起生产快乐的肉体。由于没人会认为自己反对笑声和快乐，虚无主义的视角会非常令人信服。也正因为如此，任何关于此事的进一步思考都变得没有必要了。凭借这种方式，虚无主义者能够引导严肃的人们去质疑其感觉和严肃性的正当性。换句话说，虚无主义之所以是"危险的"，不仅因为它是自我解构的，还因为它具有**传染性**。

虚无主义具有传染性。这一观点有助于理解尼采和波伏娃的虚无主义描述之间似乎存在某种对立。其中，前者认为虚无主义是一种文化现象，后者认为虚无主义是一种个人态度。虚无主义之于个体是一种混乱，但之于社会则是一种疾病。严肃的人寻找能够赋予生活意义的外在权威，并非一种个体性的努力。正如利奥塔所描述的那样，这样一种寻求建基于**元叙事**，建基于实践和概念，而它们都有历史，那些严肃的人们就出生于这种历史之中，并且因此不能创造而只能接受和保持这种历史。这就是虚无主义会如此具有传染性的原因，因为失望透顶的严肃的人们不再针对一种个人的严肃性，转而针对一种文化的严肃性。

虚无主义者的论证对其周围的人很有说服力，因为他们也拥有这些论证所依赖的严肃性逻辑。虚无主义者尤其关注严肃性的手段/目的逻辑。严肃性寻求外在权威，但外在权威是严肃的人达到目的的手段。正如我们已经看到的那样，这个目的就是获得像一个孩子那样享受生活的能力，而非像一个成人那样充满焦虑的能力。于是，虚无主义者为严肃的人提供了一种实现上述目的同时又不必担心其实现手段的方法。就虚无主义者成功实现像孩子一样享受生活的目的而言，这种目的的实现不是因为发现新的父母——就像严肃的人认为需要如此那样，而只是因为采用了孩子般无忧无虑的态度。换句话说，虚无主义就像后果论，只是对后果没有那烦人的担忧。

当虚无主义四处扩散时，我们逐渐开始用一个病人的眼光看待这个世界，只想要那些我们认为会让我们感到更好一些的东西，并逃避任何我们认为会让我们感到更糟糕的东西。结果，人们开始凭感觉而不是事实来评判像科学家这样的外在权威。我们很容易相信那些告诉我们想要听到的东西的人("每天一杯葡萄酒会让你更长寿"),很容易拒绝那些告诉我们不想听到的东西的人("我们需要大量减少碳排放来保护环境")。于是,虚无主义虽然会让我们像儿童一样无忧无虑和幸福,但也会让我们像儿童一样漫不经心和具有破坏性。因此,虚无主义是一种品着葡萄酒欣赏燃烧的世界的能力。

5

第五章 虚无主义在何处？

既然在前面几章中我们已经就"虚无主义是什么"这个问题进行了非常详细的分析，那么在这一章中我们就可以开始分析"虚无主义在何处"这个问题了。虚无主义不只是对生活本来就有意义的观念的拒绝，还能被视为一种回应焦虑的特定方式，而这种焦虑来自发现生活本来毫无意义的事实。虚无主义者不像悲观主义者那样绝望，不像犬儒主义者那样厌恶一切，不像无动于衷者那样超脱。虚无主义者可以是乐观主义的、理想主义的和富于同情心的，因为他们的生活目标是幸福，就像童年那样快乐和无忧无虑，就像他们在发现生活缺乏意义前那样快乐和无忧无虑——他们曾认为自己长大后应该能从生活中发现这种意义。

正如我们所看到的那样,虚无主义者回应生活的无意义性的方式如果被简化成一组单独事件,就不能被正确理解。一方面,虚无主义就像一种疾病,一种能够在个体之间快速散播、具有传染性的态度。另一方面,虚无主义之所以具有传染性,是因为虚无主义的生活方式是虚无主义者生来就有的且和他人共享的生活方式的产物。

考虑到被一群不计后果的人包围的危险,我们可能会期待社会应该积极加入与虚无主义的斗争。尽管"虚无主义者"作为一个负面标签被应用于日常生活,但我们发现虚无主义的逻辑得到社会各个组成部分的支持。但虚无主义的传播可能不只由于虚无主义的态度在个体间的相互传染,还可能由于那种鼓励虚无主义态度的文化助长了其传染性。本章将要探讨的,正是这种文化影响。在电视上、教室里、工作中和政治事务中都可以发现虚无主义。

家里的虚无主义

既然虚无主义来自摆脱对自由的焦虑的欲望,认为当代通俗文化会拥抱虚无主义便不会令我们惊讶了——如果我们求助于通俗文化是为了娱乐、舒适和消遣，那么通俗文化和虚无主义至少已经共享了减轻压力的目标。但通俗文化值得关注的地方，不是它是否吸引虚无主义者，而是它是否有助于诱导人变得虚无主义。

父母们一直都在担忧通俗文化的败坏性影响，关心诸如看电视是否会让孩子变蠢或玩电子游戏是否会让孩子变得更加暴力这样的问题。这种关切主要考虑的是通俗文化的内容，而非消费通俗文化的设备。其中一个原因是，在屏幕前消磨时间已经变得如此平常，以至于我们不再质疑这种行为。换句话说，我们只是质疑人们在看**什么**，而没有问过**为什么**。

作为一种休闲行为的观看，在屏幕出现之前很久就已经存在了。但因为有了屏幕，我们就不再需要去别的地方观看什么东西了。哲学家金特·安德斯在他1956年的论文《作为幻影和矩阵的世界》中指出，收音机和电视有助于创造他所谓"大众中的人"（the mass man）[1]。收音机和电视节目让对话和他人的对话充斥整个家庭，却让消费这些节目的人的对话变得不仅困难还招人讨厌。还有，为了让每个人都能观看屏幕，电视重新规定了整个家具的布局结构：人们不能面对面地坐着，而都面对着屏幕坐着。由于供人消费的事件都是为了消费而被记录和重演的，收音机和电视不仅让离开家去目击事件变得没有必要，还使得事件的演出按照消费的需要来记录和重演。于是，收音机和电视提供给我们的，并非真实生活的经验，而是一种伪现实。我们可以在我们的伪生活（坐在他人旁边消费，而非和他人一起消费）中伪经历（坐在沙发里消费）这种伪现实（为了大众消费而上演的事件）。

对安德斯来说，真正值得争论的事情，是收音机和电视重塑了我们所认为的"经验""交流"，甚至是"亲密"。我们和节目中人物形成关系的方式，不同于我们与舞台上人物形成关系的方式，因为收音机和电视让人物和我们近距离接触，以至于他们似乎就在对我们讲话，似乎他们让我们走进了他们家里，正如我们让他们走进我们家中那样。哲学家西奥多·阿多诺在他1954年的论文《怎样看电视》[2]中也表达了类似的观点，即这样的亲密关系让我们很容易就认同电视节目中的人物，尤其是在把他们置于熟悉的场景、熟悉的情境和熟悉的矛盾冲突中来描述时。尽管这些人物可能有类似于我们自己的工作、家庭和问题，但他们生活的稳定性和安全性不同于我们的。

情景喜剧中的家庭或许会碰上麻烦，但不消30分钟（如果除去广告就剩下22分钟），麻烦就会解决。不管为了创造喜剧性和戏剧性的张力会有怎样的混乱突然暴发，这种混乱终将消失，并且似乎不会再次出现，而秩序终将恢复。程式化的节目让人觉得非常舒适，因为它让我们觉得那些似乎令人担心的情境最终会完美收场，让我们觉得我们行为的后果其实并不重要。正是这种对舒适的需要，把我们拉到屏幕前，去观看程式化的节目。

但我们知道这样的节目是令人舒适的，并不意味着我们知道这样的节目会对我们产生别的影响。阿多诺关注的是，在我们感到舒适的同时，这样的节目还会在我们内心引发一种沾沾自喜的感觉，尤其是我们在每一集节目结束返回现实的时候。于是乎，电视不仅在娱乐我们，还在教育我们：维持现状是**善**；破坏现状是**恶**。

当然，在电视大受欢迎的时代，这样的分析似乎有点儿不合时宜。安德斯和阿多诺在20世纪50年代观看的节目可能是程式化的，可能会强化那种沾沾自喜的感觉，但是今天的电视剧应该已经是复杂的艺术作品，被制作得类似于文学作品，而不是让人在肥皂广告播放间隙还盯着屏幕。然而，尽管像《绝命毒师》《广告狂人》和《权力的游戏》之类受欢迎的节目确实并没有使用伴随着电视长大的人们能辨识得出的程式，但并不意味这些电视剧不是程式化的。沃尔特·怀特①一直在犯罪，唐·德雷珀②一直在食言，兰尼斯特家族一直在冒犯史塔克家族③……受欢迎的节目创造出它们自己的程式。这些程式是观众期待电视剧坚守的程式，也是后来者为求成功而不断模仿借鉴的程式。

尽管这些电视剧可能不是为了卖肥皂④，但仍然是为了把人们拉到屏幕前。传统节目总是尝试呈现一个有益于身心的、田园诗般的梦幻世界，一种更美好的现实版本，但当代的节目所呈现的总是噩梦般的现实，意在警告我们不要老想着出门。在每一种节目版本中都很重要的是这样一

---

① 沃尔特·怀特是美国电视剧《绝命毒师》的主人公。
② 唐·德雷珀是美国电视剧《广告狂人》的主人公。
③ 兰尼斯特家族（Lannisters）和史塔克家族（Starks）是美国电视剧《权力的游戏》中两大对立的家族。
④ 早期美国日间电视剧以家庭主妇为主要受众，许多日用品公司纷纷在日间电视剧的广告时段打广告，向观看电视剧的家庭主妇推销肥皂等日用品，这些电视剧因此被称为"肥皂剧"，日用品公司在肥皂剧广告时段打广告的行为被称为"卖肥皂"。

种观念，即屏幕提供了一种逃离现实的方法，而现实则被或明或暗地描述为我们必须逃离的地方。

在"刷刷刷"的手持屏幕时代，逃避现实的生意——让人们紧盯屏幕的生意——只会变得越来越成功。避开现实而紧盯屏幕已经成为现状。屏幕训练我们去顺应和满足的现状，而我们已经开始接受这种现状并取其精华、去其糟粕。先前，紧盯屏幕会被视为无所事事，会被视为面对"笨蛋匣子"的"沙发土豆"①；现在，由于"受人尊重"和"高度赞扬"氛围的存在，紧盯屏幕不仅被视为在做某种事情，而且越来越被视为学习如何做事情的唯一途径。

学校里的虚无主义

紧盯屏幕已经变得如此寻常，以至于当有人要我们离开屏幕抬头看时，我们总会一脸茫然和愤怒不已。比如，一个老师要求学生们把手机放到一边时，就会发生这样的事。然而，老师要求学生课堂上不要盯着屏幕而是集中注

---

① "笨蛋匣子"（boob tube）是"电视"的美式俚称。"沙发土豆"（couch potato）是对长时间看电视的人的美式俚称。

在"刷刷刷"的手持屏幕时代,逃避现实的生意——让人们紧盯屏幕的生意——只会变得越来越成功。

———————————————

意力上课时，这通常只意味着学生们应该停止盯着**自己的屏幕**，转而去看**老师的屏幕**——那个挂在教室前方、所有人能一起盯着的屏幕。

这个屏幕可以是黑板，也可以是PowerPoint演示文稿。即使在教室里也存在这样的期待，即所有的眼睛都需要盯着屏幕。于是，教师就像一个电视制作人，为了观众的注意力而与其他屏幕上的内容竞争。而且，和电视制作人一样，为了能够用一种最吸引观众的方式呈现内容，为了能够用一种最容易让观众吸收的方式呈现内容，教师通常使用的是陈旧的程序（如"苏格拉底法"①）。

巴西哲学家、激进主义者和教育家保罗·弗莱雷非常关注这样的期待，即教师应该是内容的发布者，而学生应该是内容的吸收者。在其1968年的著作《受压迫者教育学》中，弗莱雷指出："教育正在忍受叙事病（narration sickness）。"[3]当教师接受了通过讲课来进行教育的训练，学生也接受了通过听讲来接受教育的训练时，学习被简化为

---

① 苏格拉底和人讨论有关问题时，常用诘问法，人们又称这种方法为"苏格拉底法"（the Socratic method）。

重复。为了获得成功，学生们只需要向教师重复他们从教师那里听来的东西，重复他们从教师指定的读物中读到的东西。于是乎，我们现在会频繁使用像"人工智能""智能设备"和"机器学习"这样的短语来讨论技术，而学生们其实很长时间以来都在被当作机器一样训练。我们现在开始像对待学生们一样对待机器，对弗莱雷来说再正常不过了。

弗莱雷用一个银行的比喻来描述叙事病对学习的影响。学生们被期待消极地听取教师的话，因为人们一厢情愿地认为教师拥有信息而学生没有。信息是货币的一种形式，教师把这种货币存入学生的心灵。学生因此被视为等待被装满的空洞的容器——或银行。这样的观点必然导致一种等级分明的师生关系，因为教师被预想为博学的专家，学生被预想为无知的初学者。这种关系导致一种动态，其中教师无所不能而学生一无所能，因为教师拥有想教育就教育、想惩罚就惩罚的权力，而学生除了服从或离开，别无选择。

弗莱雷要批判的，不是说认为教师比学生拥有更多的信息，而是认为教育只是一个信息交换的过程。只要信息的价值由社会决定，只要学习只是被社会视为经济交易的一种形式，那么对学校来说，使用一种自上而下的教育模式就是有道理的。信息**意味**着什么可能变得越来越无所谓，重要的只是信息**被占有**。而且由于占有信息成为重中之重，学生们不仅被鼓励去抄袭，还主张抄袭正当，因为抄袭是保证他们所占有的信息正确的最好方式。

当然，当学生们发现身处其中的那种教育模式就是在鼓励一种工具性的学习态度时，我们很难驳斥他们的观点，指出抄袭是错误的。正如我们已经看到的那样，这种工具性态度不仅表现为把学习视为达到目的的手段而非目的本身，还表现为把学生和教师视为信息存储与分发的工具。在学校里，学习仍然被用同样神圣的语言谈论。这种语言总是围绕着学习，并赋予它某种光环，让它看上去具有本质性的善。但由于学习的语言与学习的实践并不相称，学生们只是认为教育是神圣的，而学校却令人生厌。如果学生们并没有自行得出这样的结论，那么学校也会通过标准化的测试，来确保学生们把学校教育仅仅视为把人标准化的过程。

当学生们都必须以相同的方式学习相同的信息时，创

造性和多元性就会受到阻碍,服从和墨守成规反而受到鼓励,甚至是要求。正如弗莱雷所言:

> 令人毫不惊讶的是,教育的银行概念把人视为有适应能力的、易控制的存在。学生们把交付给他们的款项存储得越多,他们的批判性意识就越少得到发展,这种意识来自他们作为这个世界的变革者对世界的介入。他们越完全地接受强加给他们的被动角色,他们就越容易适应是其所是的世界,越容易接受那存储在他们内部的关于现实的零碎观念。……确实,压迫者的兴趣在于"改变被压迫者的意识,而非那压迫他们的环境";因为被压迫者越是能被引导着适应环境,他们就越是容易被支配。[4]

正如弗莱雷所指出的那样,把教育的目标视为信息的反刍,阻碍了学生批判性思考能力的发展。在弗莱雷看来,虽然这样一种批判性思考能力的缺乏看上去是教育的银行模式的失败,但可以证明这种教育体系正在完全按照最初的设计发挥作用。

根据弗莱雷，学生们不是在学习如何批判社会，而只是在学习如何顺应社会。弗莱雷由此指出，教育的银行模式是一种压迫性系统，由压迫者设计，旨在教育被压迫者接受他们的压迫。因此，弗莱雷对教育的讨论，可以和尼采对道德的论证相互呼应。在他们两人那里，问题都不是社会无能于创造好的公民，而在于"好"只是**对社会而言**，而不是**对人而言**，尤其是对那些生活在为这些教育和道德体制所支撑的社会中的人而言。

现在，弗莱雷所谓"叙事病"可以被视为尼采用虚无主义规定的疾病。通过把顺从评估为"好"的价值——这种价值通过获得可以找到"好工作"的"好分数"而得到强化——现状得到了保护。而通过把教育价值和道德价值捆绑在一起，这样一种说教式语言进一步强化了顺从，让学生明白他们在驯服时（"做一个好学生"）应感到骄傲，他们在反抗时（"做一个坏学生"）应感到内疚。抄袭的学生因此常被告知他们做了**错事**，因为抄袭违背道德价值，因为抄袭是**欺骗**，而欺骗是有着**坏品格**的人才会做的事情。

教育体制可能以这样一种方式被设计，让学生们——

考虑到对他们的期望——认为抄袭完全合理。但道德以这样一种方式被设计，通过让学生们觉得自己应该对抄袭负责而保护教育体制。由于教育的银行模式阻碍了学生们发展批判性思考的能力，所以学生们似乎很难达到这样的程度，即认识到教育体制本身应该为让抄袭显得合理负责。而且如果他们能够质疑教育体制，就会被贴上"麻烦制造者"的标签，会因为"不尊重"老师而受到惩罚。换句话说，由于流行的教育价值已经使教育贬值，道德被要求介入并填补空白，去用道德价值（如为了责任而学习）来强化已经被挖空的教育价值（如为了学习而学习）。

正如尼采所警告的那样，一个只重视自身存续的社会，只重视维持现状的社会，是一个病态的社会，一个能创造既是**"好"公民**也是**坏人**的社会。同样，弗莱雷也指出，教育的银行模式的压迫性同时导致压迫者和被压迫者的非人化。对弗莱雷来说，学习要求对话，但这种对话的参与者必须认为彼此平等，才能保证对话是**有问有答**，而非**自说自话**。把学习降格为信息存储，同时阻碍了教师和学生作为平等的人——而非仅仅作为博学者和无知者——彼此进行交流的能力。于是，自上而下的以信息为中心的正如尼采所警告的那样，一个只重视自身存续的社会，只重视维持现状的社会，是一个病态的社会，一个能创造既是"好"公民也是坏人的社会。

_____

教育，阻碍人们能够把彼此视作人。这又相应地阻碍了教师和学生能够通过参与彼此的对话真正相互学习。

缺乏真正的学习，这对学生、教师乃至整个社会来说都是有害的。教育的银行模式虽然有助于维持社会的现状，但有害于社会的未来。正如尼采所警告的那样，维持现状只能导致社会停滞，并最终导致社会解体。就像娱乐那样，教育能够让生活变得更容易和更稳定些。但如果成长需要挑战和不确定性，那么一种容易和稳定的生活就只是一种缓慢而稳定的死亡。换句话说，这样一种生活是虚无主义的。

工作中的虚无主义

一种批驳弗莱雷的观点认为，他并没有认识到教育的真正目的是为学生进入**现实世界**做准备。现实世界是一个等级分明的世界。现实世界是信息中心的世界。于是，如果学生们按照弗莱雷建议的那样接受教育，认为权威人物并不优于他们，而是和他们相同的人，并且批判顺从，质疑而非遵守规则，那么当他们结束学业并尝试找到一份工作时，他们将不得不面对强烈的幻灭感。换句话说，教育的银行模式不是**虚无主义的**，而是**现实主义的**。

我们很难不赞成这种把教育与职业关联的观点，因为学生确实需要某种特定的学校教育来为某种特定的工作做准备。但是，这种论证当然会导致这样的问题出现，即我们为什么必须接受这种要求某种特定的学校教育的工作。如果弗莱雷是正确的，即我们教育学生的方式是非人化的，如果这种批驳也不是在说弗莱雷是错误的，而是在说我们之所以如此教育学生是在为学生进入现实世界做准备，那么后者就只不过是用另一种方式在说，**现实世界是非人化的**，我们只能**学会接受它**。

我们必须接受的**现实世界**是一个充满非人化工作的世界，这一观念得到了卡尔·马克思最有力的支持。在他没有完成也没有发表的论文《异化劳动》中，我们可以发现马克思对资本主义批判的哲学基础。在这篇论文中，马克思分析了各种赚钱的方式到头来如何让我们变得越来越不像人，分析了我们如何被金钱以各种方式蒙蔽，变得财迷心窍而不关心我们作为非人的现实。

根据马克思，"劳动"是一个我们制作对象的过程。

我们之所以需要这些对象，是为了发现我们自己是谁。当一个小女孩用沙子建造一座城堡，并不顾一切想要爸爸从他的屏幕上抬起头来看一眼她的造物时，就是在尝试让爸爸欣赏她本人而不仅仅是沙堡。或者说得更具体些，爸爸对女儿的沙堡的欣赏，**是**他对她的欣赏。在建造沙堡时，她把自己投入了沙堡，于是她爸爸对她的造物的判断，就是他对她的判断。我们通过做沙堡来发现我们是否具有创造性，我们通过说笑话来发现我们是否具有幽默感，我们通过对话来发现我们是否有趣。我们通过做事情来发现我们是谁，因为我们根据我们的所作所为来定义自身。

在通过以物易物进行商品交换的封建社会里，人们通过彼此的劳动来认识彼此。于是，物品制作不仅是我们认识自己的方式，也是我们认识他人的方式。于是，劳动对于发现个人的身份认同和建构共同体来说是必要的。劳动、身份、共同体之间的关系，或许可以从史密斯（Smith）这个名字的流行中得到最清晰的表现。因为锻造工作（smithing）、铁匠（blacksmiths）、金匠（goldsmiths）、银匠（silversmiths）之类的人物被他们所属共同体的其他成员熟知，于是他们便以史密斯〔史密斯在其他语言中的词源学表亲包括施密特（Schmidt）、科瓦尔斯基（Kowalski）、科瓦奇（Kovac）、费拉罗（Ferraro）、赫雷拉（Herrera）和费伯（Faber）等〕而广为人知。今天，我们仍然拥有很多这样具有职业暗示的名字，如艾伯特（Abbott）、阿切尔（Archer）、贝克（Baker）、巴伯（Barber）、卡朋特（Carpenter）、库克（Cook）、法默尔（Farmer）、费希尔（Fisher）、格雷泽（Glazer）、格罗夫（Glover）、亨特（Hunter）、贾琦（Judge）、奈特（Knight）、梅森（Mason）、佩因特（Painter）、谢泼德（Shepherd）、塔纳（Tanner）和泰勒（Taylor）等等[1]。换句话说，劳动对身份是如此重要，以至于祖先的职业可以一代代地指代一个家族。

正是由于在身份与劳动之间存在着这样一种根本性的关系，马克思才通过劳动分工而非常关注工业化的兴起。从个体手艺人的劳动到流水线上一群人的劳动的变化，肯定会让生产变得更快和更高效。但简单地称这种变化为

---

[1] 和这些名字相关的职业分别是修士、弓箭手、面包师、理发师、木匠、厨师、农民、渔民、上釉工、手套工、猎人、法官、武士、石匠、漆匠、牧羊人、制革工和裁缝等。

"进步",就会忽视劳动分工对劳动者的影响。我们对工业化的关注总是聚焦于工厂里糟糕的工作条件,而马克思让我们清楚了劳动分工本身就对劳动者不利。工作条件可以改善,但是把劳动切割成任务,切割成需要连续数个小时的机械劳作才能完成的任务,会让劳动者脱离他们的劳动,从而脱离他们的身份。

当我们无法控制我们所制作的东西时,身份危机就会出现。就像查理·卓别林在电影《摩登时代》(1936)中所表现的那样,流水线上的工人制造的东西是部分的部分的部分,他们根本不知道自己在做什么和为什么要这样做,从而也变成了机器中的一个齿轮。迈克·贾琦也在电影《上班一条虫》①(1999)中大声疾呼,从流水线到工位隔间,不仅无助于减轻像齿轮一样工作的感觉,甚至还会让这种感觉变得更糟糕。即使我们已经改善了工作条件,已经有了卫生保健、每周40小时工作制、病假、休假、复印机和咖啡机,我们仇恨工作的原因越来越少,但除了**工作**

---

① 《上班一条虫》是美国福斯电影公司1999年发行的喜剧片,由迈克·贾琦自编自导,讲述的是不堪忍受乏味工作的彼得·吉布森在被催眠后一反常态反抗公司规定的故事。

本身。

　　工业化以及相继而起的历次产业革命，已经把劳动从身份认同的基础转变为不幸的基础。由劳动产生的共同体意识，不再来自彼此分享我们的创造，而只是来自彼此诉说对工作的仇恨。这就是为什么马克思用"异化"[5]来描述的当代劳动，因为随着我们劳动的产品变得和我们相异，我们也开始和自身相异，和彼此相异，和做一个人所意味着的东西相异。我们只能通过我们制作的东西来定义自己，但从工业革命以来，"我们制作的东西"开始仅仅意味着"我们赚了多少钱"。于是，我们并非通过向他人展示我们是谁来定义自身，而是通过向他人展示我们的薪金支票来定义自身。

　　用支票来定义自身，就是用一个人能够消费什么而非创造什么来定义自身，就是在用我们拥有什么代替我们制造什么作为骄傲的资本。我们工作是为了赚钱，为了把自己的心灵和肉体租给出价最高的人。于是，心灵和肉体不再是我们所是，而只是我们赚钱的手段，从而它们对我们来说，不需要比像雇员对公司老板那样更有意义。于是，心身二元论不仅仅是一种形而上学理论，还是一种有效的管理策略。

成功赚钱的一个好办法，就是把劳动分工**内在化**。通过尝试把自己划分为身体自我和精神自我，从而让前者的产出最大化，让后者的投入最小化。但正如马克思所解释的那样，增加我们的工作产出需要付出很高的代价：

> 劳动的异化表现在哪些方面？首先，劳动对工人来说是**外在的东西**，也就是说，劳动不属于他的本质性存在；因此，他在自己的劳动中不是肯定自己，而是否定自己，不是感到幸福，而是感到不幸，不是自由地发挥自己的体力和智力，而是使自己的肉体受折磨、心灵遭摧残。于是，工人只有在劳动之外才感到自在，而在劳动中则感到不自在。他在不劳动时觉得舒畅，而在劳动时就觉得不舒畅。因此，他的劳动不是自愿的劳动，而是被迫的劳动，是**强制劳动**。于是，这种劳动不是一种需要的满足，而只是满足劳动以外的那些需要的一种**手段**。劳动的异化特征清楚地表现在这样的事实中，即只要肉体的强制或其他的强制一停止，劳动者就会像逃避瘟疫一样逃避劳动。[6]

换句话说，如果我们能够**做着**我们的工作，在**工作**的同时**丝毫不关心**自己正在做什么，我们的职业生涯显然会更惬意。无论我们在工厂厂房里还是在Excel电子表格上工作，思考、反思和意识都是不利于我们挨过工作的能力。工作的机械化程度越高，我们在工作时的僵尸化程度就越高。而且，工作时的僵尸化程度越高，我们就越少**感觉到工作是工作**，因为僵尸**根本就没感觉**。

如果我们花费生命中的三分之一睡觉，并且尝试在工作时处于睡眠状态，那我们会在生命的绝大多数时间里不只像僵尸那样**行动**，更**成了**僵尸。做一个工人，为了活着而必须工作，就是——像乔治·A.罗梅罗[①]在多部含义微妙的电影里所清楚地呈现的那样——作为活死人。如果我们能够在工作时麻木我们的心灵，下班后麻木我们的身体，我们就是最幸福的人，因此我们把下班后的时光，把醉生梦死、沉迷于"吃、喝、生殖"[7]的时光称为**幸福时光**。

[①] 乔治·A.罗梅罗被誉为"现代恐怖电影之父"，他于1968年拍摄的《活死人之夜》(*Night of the Living Dead*)，通过清晰的暴力描写，映射和讽刺了当时美国社会的混乱。他又于1978年拍摄了《活死人黎明》(*Dawn of the Dead*)，于2005年拍摄了《活死人之地》(*Land of the Dead*)。

当然，正如马克思解释的那样，即使劳动不再服务于劳动的目的，即"一种需要的满足"，那劳动也不是无目的的，因为它现在成了"满足劳动以外的那些需要的一种**手段**"。我们把自己变成僵尸，不是为了其他，而是为了能够负担得起吃、喝与生殖。于是，马克思所指出的问题，不是劳动已经变得毫无意义，而是即使劳动变得异化和非人化，我们仍然发现劳动足够有意义，以至于能让人继续劳动。劳动的意义已经被置换为金钱的意义。

但金钱只是一块金属、一张纸或一串代码（近来更为流行），如果没有交换商品和服务的能力，它本身是毫无意义可言的。于是，我们可以用通过劳动赚来的钱购买的商品和服务，一定是驱使我们在劳动已经变得毫无意义之后仍然继续劳动的东西。

但由于这些商品和服务由和我们一样的劳动者生产，由并非为了工作而工作、只是为了金钱而工作的劳动者生产，这些商品和服务也已经失去了它们曾经拥有的意义。商品是大量生产得来的，因此不再能够从中识别制造者的个体性。服务的提供或许仍然伴随着微笑，但并不代表着做一个工人，为了活着而必须工作，就是——像乔治·A.罗梅罗在多部含义微妙的电影里所清楚地呈现的那样——作为活死人。

真正的人际互动，而是服务业的劳动者受老板训练而微笑，为了不失业而微笑，受消费者训练而微笑，为了赚取小费而微笑。

于是，商品和服务并非因为我们通过它们了解其提供者才有意义，而是因为通过拥有它们所产生的感觉才有意义。我们可能不再关心谁制作了我们的食物、谁修好了我们的水管，尽管我们仍然需要饮食和淋浴。而且，随着我们开始能够负担得起更好的食物和淋浴，我们也能够从仅仅去满足需要变成去满足欲望。正是这种能够满足我们欲望的承诺，激励着我们在工作本身已经不再令人愉快或满意时还能工作下去。劳动本身是无意义的。我们通过劳动获得的金钱本身是无意义的。我们用金钱买到的商品和服务本身是无意义的。但我们从商品和服务那里获得的满足感是有意义的。

但马克思所描述的这种新的劳动意义要想起作用，可以说必须具备这样的前提，即**做人**意味着**空虚**。如果我们不是通过做什么，而是通过能够买到什么、通过我们能够获得的商品和服务来被满足，那么没有了这些商品和服务，我们就什么都不是。我们不再能够满足我们自己，不再发现我们自己的创造是我们想要的。相反，我们试图通过购置和消费来满足，因为我们能够购买和消费的东西是我们想要的。但正如马克思所指出的那样，我们最初能够通过我们能做什么而非能拥有什么来满足自己，那么购买和消费的欲望就是不自然的，它本身就是我们已经购买和消费的东西。

说这些欲望是不自然的，这完全讲得通，因为我们对商品和服务的欲望与商品和服务本身没有关系。我们真正渴望的，是那些商品和服务能够赋予我们的社会地位，是我们通过与它们关联而获得的地位。如果某些商品和服务被社会视为奢侈品，那么拥有这样的奢侈品，就会被社会视为过着一种奢侈的生活。而如果我们能够过一种别人渴望的生活，那么我们就会感觉自己是被人艳羡的。但是当然，正如艾迪·墨菲在《美国之旅》[①]（1988）中所诠释的

[①] 《美国之旅》是黑人笑星艾迪·墨菲主演的浪漫喜剧。他在片中饰演非洲王子，希望能摆脱王室的包办婚姻，于是到美国留学，并在打工期间爱上了一个美国女孩。他千方百计隐瞒自己的身份，不料消息走漏，国王带了大批随从赶到纽约，引发了连篇趣事。

那样，这样一种通过关联产生的可艳羡性，可能是自我欺骗，因为我们永远不知道，如果不幸降临，我们不再与这些令人渴望的商品和服务相关联，那些宣称艳羡我们的人是否还会一直艳羡我们。换句话说，这样的满足仍然会让我们感到空虚。

但是，正如在柏拉图《国家篇》的结尾苏格拉底所警告的那样，这样一种空虚感，不能让我们认识到购买与消费实际上是难以令人感到满足的追求。相反，这种感觉会让我们无休止地购买与消费。柏拉图写道：

> 于是，那些没有理性或美德经验，但总是热衷于寻欢作乐之类的事的人们似乎会被打落然后回到中间，终其一生都在如此徘徊，但绝无可能超越这个范围，到达真正的更高一级的境界。他们不会向上仰望真正的最高一级的境界，或被提携进入这个区域，然后为任何真实的东西所满足，去品尝任何稳定、纯粹的快乐。他们的眼睛只会向下看，盯着餐桌上的美食，只顾低头吃草、长膘变肥、雌雄交配。为了在这些方面胜过他人，他们还用铁角和铁蹄互相踢打冲

撞，互相残杀，因为他们永远无法满足他们的欲望。他们尝试填满的部分，就像一个满是窟窿的容器，而无论是这容器还是他们用以填满容器的东西，都属于那些不真实的东西。[8]

如果购买与消费让我们觉得满足——而且在当下的职场，它们往往是仅有的能够让我们感到满足的事情——那么满足感的转瞬即逝就注定我们只能去寻求尽可能多的购买与消费。正如柏拉图解释的那样，追求这样一种永远无法满足的满足，就是那些"没有理性或美德经验的人们"。换句话说，如果购买与消费的生活是我们知道的唯一一种生活，那么这种通过从事无意义的劳动赚取无意义的金钱，再去购买无意义的商品和服务从而实现无意义的满足的生活，就不可能被我们视为**无意义的生活**，反而会被视**为真实的世界**。

正如马克思所总结的那样，如果我们开始把一种无意义的现实视为**现实**，不是因为**现实是无意义的**，而是因为工人接受无意义的现实必然对别的人有利。马克思如此写道：

如果劳动的产品不属于工人,如果它作为一种异己的力量同工人相对立,那么这只能是因为它属于**工人之外的他人**。如果工人的活动对他自己来说是一种痛苦,那么这种活动就必然给他人带来**快乐**和生活的享受。既非神也非自然,只有人自身才能成为这种统治人的异己力量。[9]

让工人们相信除了为活着而工作之外别无选择,明显有利于那些并非为了活着而工作的人,那些不需要为了活着而工作的人,至少是在还有可供他们剥削的工人时。于是,这里需要回答的问题是:人们为何接受了这种信念,又如何接受了这种信念?

马克思对这个问题的答案是:工人之所以愿意为了活着而工作,是因为他们相信利益(如金钱)会重于代价(如非人化)。柏拉图对这个问题的答案是:工人之所以愿意为了活着而工作,是因为他们相信不可能存在其他的生活方式。于是为了形成这样的信念,工人一方面需要疏离自己的人性且不必担心其后果,另一方面需要学会顺从现实而非质疑现实。换句话说,如果你想要人们接受为活着而工作是唯一的生活方式的信念,那就是要人们接受虚无主义。

如果我们能满不在乎对自身所做的事——比如通过每天连续数个小时紧盯屏幕——那么我们就能为了活着而工作,且不必觉得自己还有足够精力关心这样活着的后果。如果我们能够在学校接受如何顺从而非如何批判的教育——比如通过学习接受这样的观念,即我们是空虚的容器,权威人物拥有一切答案——那么我们就能学会接受这样的观念,即为活着而工作不是**虚无主义的**,而是**完全正常的**。于是乎,家庭里的虚无主义、学校里的虚无主义和工作中的虚无主义就不是同一种**虚无主义态度**的不同案例,而是同一个**虚无主义体制**的不同组成部分。

如果我们生活在一个虚无主义的世界,那不是因为这个世界是虚无主义的,而是因为我们对虚无主义的接受把我们生活于其中的这个世界永恒化了。我们越接受虚无主义,就越容忍剥削。如果我们相信做人意味着空虚,相信我们的生活根本是无意义的,相信我们需要通过购买与消费来获得满足感,那么用我们的人性换得购买与消费的能力,就不像是在**非人化**,而像是在**交易**。于是,虚无主义最好不要被理解为在虚无主义者所到之处发现的一种个体性的经验，而应理解为一种由某种靠虚无主义维持的体制所产生的经验，而这种体制已经延伸到人类生活的方方面面。

宣称虚无主义是完全真实的，不只是提出一种**关于**现实的本性的主张，而是在给出一种有助于**形成**现实的主张。如果虚无主义仅仅被视为一种道德或形而上学的立场，就忽视了其政治维度。如果帮助人们接受虚无主义的常态能够令他们更容易受剥削或令他们非人化，那么无论把虚无主义当作一种个人的缺点还是宇宙的真理，其实都是一种服务于剥削和非人化目的的论证。

当我们认为虚无主义是一种描述个体道德信念（或道德信念缺失）的方式时，我们就是在把虚无主义降格成一种只有个体自身才能解决的问题。当我们认为虚无主义是一种描述世界的有意义性（或有意义性缺失）的方式时，我们就是在把虚无主义拔高成一种只有神灵才能解决的问题。因此这两种关于虚无主义的思维方式都会阻碍我们认识到直面虚无主义是一个需要共同解决的问题，认识到我们需要在**政治**层面直面它，而非个体或神灵的层面。

市政厅里的虚无主义

虚无主义的政治相关性，由汉娜·阿伦特最清晰地呈现出来了。在《政治学"入"门》（1955）中——阿伦特这部没有完成的书最终作为长篇论文发表——阿伦特把政治的意义史追溯至"政治"一词的古希腊起源。阿伦特进行这种历史分析是为了告诉我们，我们现在所谓之"政治"，远非当年柏拉图和亚里士多德所谓之"政治"。

今天，我们倾向于认为政治与治理、选举、边界、法律、军队、税务、内政和外交相关联，当然还有腐败。换而言之，今天的政治相当于我们选出代表去关心一切，而我们就不必关心任何事情。但在柏拉图和亚里士多德的时代，政治反而被视为一种活动，我们不是作为实现目的的手段而是作为**目的本身**参与这种活动，它定义了做一个人意味着什么。

阿伦特在这篇论文中尝试回答的问题是："政治究竟还具有意义吗？"[10]对古希腊人来说，政治意味着自由。我们可能认为，我们今天和古希腊人共享政治的这种意义，因为我们认为政治就是如何**保护**自由。如果我们认为自己生而自由但生而脆弱,那么我们就会认为政治是一种必要之恶。这种恶之所以必要,仅仅是因为它有助于我们存活,让我们能够享受自己的自由。但对很多人来说,政治是对我们自由的限制。我们于是会想象,乌托邦应该是一个不需要政治的世界。正如阿伦特所指出的那样,随着极权主义和原子弹的出现,政治开始不再被视为保卫自由的手段,而是对自由的**威胁**,对生命本身的威胁。这样一种乌托邦思想开始在第二次世界大战后显著流行起来。

但对古希腊人来说,不管把政治视为保卫自由的手段,还是视为对自由的威胁,都没有意义,因为对他们来说政治就**是**自由。政治最初被理解为一种活动,那些能够让自己免于被视作非人之物所束缚的人才会参与的活动。也正因为如此,参与政治就是成为一个人。所谓非人就是被强制,被迫做某件事情——不管是受制于人还是受制于自然——就像动物那样活着,像某种低于人的东西那样活着。动物根据必然性活动,而人能够在不受外在影响的情况下自主行动。或者说,人能够**行动**(act),但动物只能**反应**(react)。正如阿伦特所指出的那样,当亚里士多德把人定义为政治的动物时,他不是在说人总是并总会参与政治，而是说能够参与政治的存在就是作为人的存在。古希腊人认为他们自己——而且**只有**他们自己——才是人，因为他们已经完成了其他民族没有完成的东西：**城邦**的创造，政治空间的创造。

由于我们的动物必然性——像吃、喝与生殖这样的必然性——被视为在家中得到满足的需求，所以家庭被与强制而非自由相关联。于是，自由要求一种远离家庭的能力，抛弃自然强迫我们去满足的生命的必然性，换句话说，自由要求别的人成为奴隶。正如阿伦特所写的那样：

> 不同于所有形式的资本主义剥削——它们主要追求旨在增加财富的经济目的——古希腊对奴隶的剥削，是为了把他们的主人从劳动中彻底解放出来，以使他们能够享受政治领域的自由。这种解放由强制和压迫完成，并且建基于每个户主（head of household）在他家里施行的绝对规则。[11]

古希腊人不是把奴隶视为因奴役而被非人化的人，而是把所有不像他们那样作为户主的人，都视为**生来就是服**

侍人的。于是，正如亚里士多德所主张的那样，奴隶就是那些能够也应该照顾家里非人的必然性，以便让那些能够成为人的人，拥有成为人的"闲暇"。

于是，闲暇——或从满足个人的需要和家庭琐事中解放出来——不是被视为自由，而是被视为自由的**前提**。由于确保了自己的闲暇，户主能够远离家庭的私人领域，进入城邦的公共领域。城邦为政治进而为自由提供了一片空间。因为它创造了一个外在于家庭的地方，**公民们**（也就是作为户主的希腊成年男子）可以在那里会面和交流。

做一个公民就是把其他公民视作平等的人，也被其他公民视作**平等的人**，公民在城邦中具有同等的地位。这样，政治空间就是一个公民能够作为平等的人与平等的人对话的地方。城邦是为自由准备的空间，平等因此不过就是这样的先决条件的结果。对古希腊人来说，自由意味着免于强制，它既是指免于自然必然性，又指免于等级的不平等。

于是，造就了城邦的那些不平等（希腊人＞非希腊人、丈夫＞妻子、父亲＞孩子），也成就了**市场上**（*agora*）的平等（公民=公民）。市场或公共广场是城邦里的特殊点。在那里，公民们能够**畅所欲言**，而不必为满足需要或发号施令而操心。家庭事务和外交事务因此被古希腊人视为**与政治无关**。

管理经济或管理军队涉及发布命令。由于发号施令需要说者与听者之间具备一种领导-服从关系，所以此类言说不可能等同于古希腊人认为的自由言说。市场是一处政治空间，因为那里公民能够作为人存在，能够平等地存在，能够**免于**强制并**自由**言说。

言论自由对古希腊人来说不是表达观点的途径，而是共享世界的途径。由于没有哪一个个体公民可能拥有完整的世界观，所以尝试形成一个完整的世界观，就需要公民个体们聚在一起讨论各自有限视野下的世界。正如阿伦特所写的那样：

> 只有在我们相互交流的自由中，我们所谈论的那个世界才会从各个角度显现出它的客观性和可见性。生活在一个真实的世界里，互相谈论这个世界，这根本上是一回事情，而且对希腊人来说，私人生活显得

"蠢笨",因为这种生活缺乏多样性,而多样性来自关于事物的谈话,因此来自关于事物如何在世界上实际发挥作用的经验。[12]

如果家庭是满足动物式需求的私人领域,那么市场就是满足人的好奇心的公共领域。

尽管我们并没有把这种政治观保留在我们的行为中,但我们已经把它保留在了我们的语言中,比如,当我们把政治描述为"建立共识"时。形成一个"共识"(consensus),就是和(con-)他人分享一种世界观(-sensus)。与此类似,我们今天会理所当然地认为,政治协议应当建立在"常识"(common sense)的基础上。尽管我们可能没有意识到这一点,但这一观念可以回溯至 *sensus communis*①这个概念。从认识论出发,这个概念可被理解为一种建基于个人认同的判断,或从政治学出发,可被理解为一种基于意见一致的共同体成员的经验的

---

① 拉丁文"sensus communis"英译为"common sense",意思是常识、共通感。

判断。

这就是古希腊人把隐私和离群索居视为"**愚蠢**",视为自绝于世界、抱残守缺的原因。公民被认为需要聚在一起共同开拓视野,以避免拥有不完全和不连贯的实在观,以避免产生**乖僻的**观点。换句话说,如果政治意味着自由,而自由意味着成为人,那么个体不能单独成为人。成为人是一个**政治计划**,一个本质上是**公共性的和合作性的**计划。或者如亚里士多德所言:"人本质上是一个社会性存在。"[13]

现在,我们可以明白为什么政治对古希腊人来说就是目的本身而非实现目的的手段。政治最初并非相关于保护生命,以使我们能够作为**个体来**享受我们的自由;而是相关于创造自由,为了让**共同的**生活能够变得有意义。在我看来,这是阿伦特分析的核心。在现代,能够参与政治的人数量大大增加,但是由于我们又大大缩小了政治的规模,以至于让这样的参与变得**毫无意义**。

阿伦特把这种政治的意义缩减追溯至柏拉图。对柏拉图来说,**真理**不同于共识,且优于**共识**。柏拉图认为**多数**

人的政治辩论永远无法触及真理，因为人类经验不属于真理领域。柏拉图寻求创造一个外在于政治领域的空间。在那里，**少数人**能够参与更具真理性的讨论形式，柏拉图称之为哲学的"辩证法"，以区别政治的"雄辩术"。市场是城邦中任何户主都能参与关于**经验**本质的讨论的地方，而柏拉图的学园只有他的学生能够参与关于**实在**本质的讨论的一个地方。学园的出现意味着市场变得过时。

尽管学园不是公共的，因而也不是政治的，它仍然想要成为一个让参与者能够通过摆脱强制而实现自由言说的空间。为了实现这样的自由，柏拉图和学生们要求城邦为他们提供远离市场必需的闲暇，就像户主要求奴隶为他们提供远离家庭必需的闲暇。于是乎，就像奴隶制被古希腊人视为获得政治自由的手段，政治被柏拉图视为达到**学术自由**这一目的的手段。

根据阿伦特的观点，柏拉图所创造的"学术自由"观念对政治的影响，要远大于他所主张的"哲学王"，因为前者不像后者，已经付诸了实践[14]。学术自由概念的重要性在于，它所要求的免于强制的自由，不仅是免于必然性和不平等性的自由，还有**免于政治的自由**。

柏拉图把哲学上追求真理的活动提高到建立共识的政治活动之上。由于把参与公共生活比作被囚禁于地下洞穴，他所辩护的这种提升完全是字面意义上的。通过指出学术自由对真理追求来说必不可少，并且指出学术自由意味着免于政治的自由，柏拉图区分了真理与政治。就像之前人们相信只有政治不受家庭生活妨碍，公民们才能达成共识，现在只有哲学不受政治妨碍，哲学家们才能找到真理。

柏拉图之后，政治活动和家庭活动开始被视为本身无意义的活动，而只是实现有意义活动之目的的手段。古希腊人创造了政治空间这样一种有意义的活动空间，暗示了家庭空间是无意义活动的空间。但柏拉图创造学术空间，挑战了政治空间的有意义性，把政治活动降格至家庭活动的水平。

家庭活动和政治活动的共同之处在于，它们都是完全建立在人类经验基础上的活动。柏拉图指出，人类经验由于是特殊的而非普遍的，且总在变化而非永恒不变，所以缺乏那些可以界定真理的根本特征，即普遍性和永恒性。于是，如果真理能够决定何谓有意义的，那么有意义的活动就不可能在家里或市场上发现，而只能在学园里发现。

在柏拉图的《申辩篇》中，我们可以发现这样的主张，即"未经检验的生活不值得一过"。我们现在清楚，这一主张不是呼吁所有人都加入学园，因为那样就没人留在家里或市场上进行家庭活动和政治活动，而这些活动是学园的得以存在的可能前提。但由于未经检验的生活让经过经验的生活成为可能，所以其价值不是内在的，而是工具性的。根据柏拉图，尽管未经检验的生活本身是无价值的，但还是必不可少的，因为它们仍然有助于那有价值的东西，即城邦的"和谐"[15]。

城邦里的每个人都在从事他们生来就应当做的事情时，这种和谐就会实现。根据柏拉图的"金属神话"[16]——它在今天可能更为人所知的形式，是J. K.罗琳的"分院帽神话"[①]——一个人在城邦中的地位应该能取决于这个人的灵魂的本质。于是乎，一个人究竟是过一种经过检验的生活还是未经检验的生活，这不是一个选择问题，而是一个

---

① 分院帽是"哈利·波特"系列中有思想的巫师帽，通过观察和交流，将魔法学校的新生分入不同学院。

出身问题。确切地说，根据柏拉图，唯一要紧的选择，是个人选择完成他命定的任务，还是选择反抗。后者就是尝试在城邦中扮演一个并非由他人指定的角色。

古希腊人通过死亡的威胁让人们各安天命，而柏拉图则用**不和谐**来作为威慑。柏拉图通过"谷格斯神话"[17]指出，那些放弃了城邦中的角色，想要变得更富有、更有权力的人，**似乎**很乐于满足其所有欲望。但由于他受欲望而非理性的主宰，他的灵魂处于不和谐之中，所以**实际上**是在忍受煎熬。柏拉图把不和谐比作疾病，一种**看不见的**疾病，我们因此意识不到它对灵魂和城邦的腐蚀，更不用说要求哲学家来对它做出诊断。于是乎，我们被柏拉图引导着去相信哲学家而非我们的经验，因为信任我们的感官就是在冒这样的风险，即错误地相信那种流于表面的幸福就是生活中最重要的东西。

通过确立这样一种观念，即真理属于一个外在于经验的实在领域，柏拉图让专家抢占了为政治活动准备的舞台。根据柏拉图，我们不能相信我们的感官能够准确判断现实，而且我们如果不想冒被仅仅看似真实的东西所欺骗的风险，就必须相信专家的判断。今天的我们每时每刻都在这样做。我们不确定自己感觉如何,于是就去看医生。我们不确定食物味道如何,就去问侍者。我们不确定自己该不该看这场电影,就去读评论。如果我们不确定自己能不能信任专家,就去问谷歌。但如果与他人讨论我们对现实的判断就是我们成为人的方式,那么用专家的判断替代我们的判断,就是在用以获得**确定性**为目标的科学计划替代以成为**人**为目标的政治计划。

或许有人会说,把真理和确定性提升至经验和共识之上,无疑会导致所有科学领域的进步,使我们能够获得关于现实本性的无数洞见。科学家每组织一次实验就得需要城邦达成一次共识显然不现实,因此把公民排除在科学讨论之外,无疑可以让科学家的工作更具成效。还有,把公民排除在科学讨论之外,并非只对科学家有利,因为科学家更好地理解现实的能力,就可以帮助公民过更好的生活。

基于上述原因,共识也在政治里被确定性所替代,就像民主制被**官僚制**所替代。公民们不再参与政治讨论,而是只参与投票选举代表;代表们不再参与政治讨论,而是参与投票选择政策。这样的政策由官僚们以及用科学方法解决生活问题的政治专家们制定和管理。于是,科学家帮助公民过更好的生活，因为官僚可以运用科学家对现实的理解来为公民创造可能最好的生活。那么从这一视角出发，把成为人的政治计划区别于获得确定性的科学计划可能就是错误的。因为对人性的改进来说，确定性应该被视为必不可少的。换句话说，**科学的进步就是人类的进步**。

上述论证当然很难被反驳。也正因为如此，我们才可以看到今天地球上几乎每一个社会里，科学进步的价值都能打败一切与之竞争的价值，并成为最高价值。与此呼应，我们现在都理所当然地认为，人性已经伴随着科学的进步而进步了。比如说，当我们从科学史的角度回溯人类历史，把从中世纪、文艺复兴、启蒙运动到现代视为一个稳定的发展过程时，我们就会看到这种进步。但是，阿伦特指出，我们对科学进步的信仰带给我们的不是真理和确定性，而是虚无主义和灾难。

根据阿伦特的观点，官僚主义的科学政治会导致世界大战和原子弹的发明，这绝非偶然。政治进步曾经以奴隶制的终结、选举权的普及和民权立法的通过为标志。阿伦特指出，这样的进步要求使人民处于奴役状态的"强力"越来越远离家庭领域，而被置入政治领域，因为官僚阶层越来越相信他们能够控制住这种强力。强力牢牢握在政府的手中,令妇女和少数族裔得以从历史上一度被家族掌握的强制性力量下解放。但是从家族那里解放出来,并不意味着被解放者便能够自由地成为人,成为古希腊意义上的人。

被解放者确实自由离开家族并进入了公共领域。但就像政治活动已经变成专家的活动而非公民的活动,唯一留给现代公民的活动是工作。换句话说,被解放者的自由不是政治自由,而只是进入劳动力市场的自由。正如阿伦特所写的那样:

> ……社会的总体发展正在统一趋向于让所有成员变成"劳动者"——至少在社会发展到自动化消灭劳动的程度前——无论什么样的人类活动,都主要是为了提供生活的必需品。也是在这一意义上,把强力从社会生活中排除,目前只会导致给生活强加于每个人的必需品留下前所未有的更大的空间。必需品,而非自由,主宰着社会生活;必需品的概念开始支配所有现代历史哲学——那里现代思想寻求发现其哲学取向

与自我理解——这绝非偶然。[18]

奴隶制的终结和随之而来的公民权的扩大，导致需要依靠工作谋生的人激增，导致维持工人存活所需的产品数量激增。这相应导致国家生产力的激增。与此同时，强力也开始集中在国家之手。正是国家能够调配的生产力的联合，以及国家能够支配的强力的联合，让政治从实现自由的手段变成了对自由的威胁。

相信专家而非相信经验，的确让无数的科学领域实现了进步。但战争也是能够实现科学进步的领域，原子弹的发明就是其缩影。正是基于这一原因，阿伦特不仅质疑把科学进步等同于人性进步，还质疑这样的进步里有任何真正**人性的**东西。从柏拉图形而上学、基督教神学到资本主义官僚体制，对经验的不信任一直存在，让我们无能于自行判断经验，导致我们越来越不愿尝试彼此达成共识，而越来越愿意（也越来越能够）尝试摧毁彼此。

正如阿伦特所指出的那样，尽管人们总会依赖偏见，以便我们在没有时间直接判断经验时，能够快速做出判断，但是在判断时对经验的不信任已经导致我们只剩下偏见可依赖。正是偏见本质上包含着作为生存本能的恐惧，于是当偏见变得完全脱离经验时，恐惧会让我们变成偏执狂，会引导我们把偏见变成意识形态和自我实现的预言。与此相应，我们对政治威胁的恐惧没有转变成复兴政治的追求，而是转变成生活在一个没有政治的世界的追求。马克思把这种追求视为乌托邦。但阿伦特警告道，这样一个世界会是"完全骇人听闻的"[19]，因为一个没有政治的世界，会是一个没有自由的世界。

阿伦特的分析以现代官僚主义政治世界里的生活——其中，政治已经成为某种我们尝试逃避而非希望去追求的东西——与沙漠里的生活的对比作为结束。她写道：

> 非世界性在现代的生长，位于我们*之间*的所有事物的消亡，还可以被描述为沙漠的延伸。我们生活并活动在一个沙漠世界，这一事实首先被尼采认识到了，而尼采正是在诊断这个世界时犯下了第一个决定性的错误。就像几乎所有追随他的人那样，尼采相信沙漠就位于我们自己内部，于是不仅把他自己显现为沙漠最早的自觉居民之一，还出于同样的逻辑，把自

己显现为沙漠中最糟糕的海市蜃楼幻景的受害者。现代心理学是沙漠心理学：当我们失去判断能力——去受苦和谴责时——我们开始认为，如果不能在沙漠的条件下生活，我们就一定有问题。就心理学尝试"帮助"我们而言，它帮助我们"适应"这些条件，从而剥夺了我们唯一的希望，即我们虽然住在沙漠中，但我们不属于沙漠，我们能够把它转变成人的世界。[20]

这个隐喻的目的，是唤醒我们，让我们清楚地认识到，我们的生活已经变得多么死气沉沉。生活在沙漠中，就是被迫只关心生存，只关心动物的必然性，但后者妨碍我们体验人的自由。

阿伦特相信，我们今天都能发现自己处于这样一种状态，因为我们对政治的不信任，已经让我们不敢不相信代替政治的科学思维方式，而非相信彼此。我们对科学进步的信仰，以我们丧失对人性的信仰告终。正是由于这一原因，我们对科学进步的信仰只会变得更强烈，因为正是科学进步被假定能够修复人性中的所有缺点。相应地，我们从科学进步中遭遇的痛苦越多，我们对科学进步的希望也就越大。就像在沙漠中迷路的人,我们绝望地信赖着任何宣称知道出路的向导,即使正是那向导最初把我们领入了沙漠。

弗兰茨·卡夫卡在其作品中探讨的——无论他作为保险理赔员还是作为作家所写的作品——就是我们在沙漠世界所过的这种死气沉沉的生活。卡夫卡的作品充满了令人恐惧的现实主义描述,揭示了在官僚体制中苟且偷生会如何让我们突然醒悟,即使没有人能够解释这种体制或为这种体制辩护,且所有人都会不加质疑地遵从这种体制:发现未名的法官已经判定我们犯下某种未名的罪。或者更有可能的是,这种生活会让我们一觉醒来却发现自己已经进入一种可怕的生命形式,纵然渴望成为人,但这种渴望算不上一种希望,而是一种折磨[①]。

阿伦特会成为卡夫卡的粉丝或许并不令人惊奇。阿伦特就卡夫卡作品的重要性写过若干篇论文。比如,阿伦特认为卡夫卡的《审判》描写的是一个成为"官僚机器"牺

---

① 这里所谓"一种可怕的生命形式",应该指的是卡夫卡在小说《变形记》里所描述的甲虫形象。

牲品的人的故事。正如阿伦特所解释的那样,这种官僚机器的"运行由为了获得必需品而说的谎言来支撑,它公认的含义是,如果一个人不愿意服从这一机器的'世界秩序',他就会因此被视为犯下了亵渎某种神圣秩序的罪过"[21]。

阿伦特赞扬卡夫卡对沙漠生活的描述。这有助于我们更好地理解她为什么会批判尼采对于虚无主义的诊断。根据阿伦特的观点,尼采的虚无主义观太过心理学化,把虚无主义等同于一种疾病。即使这种疾病能够感染整个文化,但仍能被回溯至人类的生理层面。与费奥多·陀思妥耶夫斯基非常相似——尼采曾说过他是"唯一的心理学家,我不经意间从他那里学到了一切"[22]——尼采通过自省来研究虚无主义。对尼采来说,在与天生虚弱、终有一死、生而为人的有限性达成妥协方面所表现出的无能,会让个体尝试逃避这样的有限性。而正是这种尝试,导致哲学、宗教和文化的出现。三者帮助个体逃避生活本身。

陀思妥耶夫斯基的作品充满了对笔下角色丰富而复杂的内在生活的分析。与此相反,卡夫卡作品里的角色都是些不重要的人,没有完整的名字,没有背景故事,让人觉得他们仿佛昨天才出生。对卡夫卡来说，也是对阿伦特来说，要想理解现代世界、官僚世界，至关重要的地方不在于**心灵和肉体**之间的关系，而在于**人与地点**的关系。对阿伦特来说尤为重要的是，某一种地点（如市场）如何能够促使人们彼此间形成关系并共享一个世界，而另一种地点（如沙漠）如何能够让人们无法与他人形成关系，而只关心个体的存活。

正因为如此，阿伦特极力反对心理学，反对这样的观点：既然我们因为尝试在沙漠里生活而痛苦，那么我们的痛苦就来自我们是谁，而非来自沙漠。学习适应沙漠，变得"有弹性"[23]，固然可以减少我们的痛苦，但阿伦特警告我们，仍然能够痛苦其实是好事，我们的痛苦就是矿坑里的金丝雀，一座警钟，就是能告诉我们不属于这个我们发现自己身处其中的世界。当这种"不属于"的感觉让我们向内看、让我们埋怨自己并尝试调整自己时，我们就会变得太过关心自己，太想尝试发现我们哪里做错了，以至于我们只会让存在于我们和他人之间的沙漠变得越来越荒凉。如果说被迫远离彼此、被迫退入我们自己内部是虚无主义产生的原因，那么对虚无主义的个人主义回应就永远不会克服虚无主义，只会有助于虚无主义的永恒化。

　　对阿伦特来说，失去政治，就无法建立共识，也无法聚在一起共享世界。这些都是虚无主义的政治体制出现的结果。这样的体制并没有把公共空间从这个世界上移除，而是让这些空间非人化，排除了在公共领域进行政治活动的可能性，却只留下经济活动的可能性，只留下工作与消费的可能性。工作与消费让我们感觉更好，因为这些活动让我们在这个世界上感觉更自在。然而由于我们的工作与消费其实更多关注自己的幸福，而非如何做一个人，所以这个世界被永恒化了。但正如阿伦特所总结的那样，我们不能冒这样的险，不能满足于没有生气的生活中的非人的幸福，因为这样的满足就是自杀，因为我们发现自己今天已经身处"虚无主义的客观处境中，在那里，无事情性（no-thingness）和无人性（no-bodyness）威胁着要摧毁这个世界"[24]。

　　根据阿伦特的观点，正是这样一种处境让某些哲学家去追问如下问题，即"为什么某种东西（something）存在而无（nothing）倒不存在？"，以及"为什么任何人（anybody）存在而无人（nobody）倒不存在？"。阿伦特指出，虽然这样的问题看上去是虚无主义的，但它们必须被视为反虚无主义的。去追问这样的问题，就是在质疑一种看上去最为合乎逻辑的世界观，比如"应该存在无和无人"，而方法就是质疑让这样的世界看上去合乎逻辑的关于世界真相的看法。换句话说，任何有逻辑的、理性的和标准的东西，都不能被视作理所当然的，都必须接受质疑和挑战。正是对这些被视为理所当然的东西的质疑和挑战，曾经被称为**政治**。于是，只有通过让政治活动重归公共领域，通过重新主张公共空间是自由空间，通过寻求共识而非寻求选票，通过像人一样行动而非像动物一样存活，我们才能够开始**一同去**克服虚无主义，而非继续自杀式地**独自**适应它。

6

第六章　何谓虚无主义的未来？

在尼采的著作里，未来是一个突出的主题。他的一篇早期演讲就命名为《论我们教育机构的未来》。《善恶的彼岸》的副标题宣称本书是一部"未来哲学的序曲"。《瞧，这个人》最后一章的标题是"我为什么是命运"。尼采一再宣称，他是在为未来写作，他的读者尚未出生。

我们或许会认为，这样的声明只是因为在他活着的时候，几乎没有人买过他的任何一部著作①。但是，在《善恶的彼岸》中，尼采写道：

---

① 正如吕迪格尔·萨弗兰斯基（Rüdiger Safranski）所梳理的那样，直到1885年，尼采才知道自己之前出版的书只卖出过500册左右，其余部分一直以来都躺在出版商施迈茨内尔的库房里。也就是说，他只是"一个几乎尚未被人认真读过的谣言"（萨弗兰斯基：《尼采思想传记》，卫茂平译，上海：华东师范大学出版社2007年版，第331页）。

真正的哲学家用创造之手把握未来,一切现在和过去之所是者,都在他们这里变成手段、工具和锤子……在我看来情况是越来越清楚了:哲学家,作为明天和后天的一种**必需的**人,在每个时代都与且**必须**与他所处的当下格格不入:他的敌人总是当今之理想。[1]

于是,根据尼采,思考一种未来哲学,为未来而写作,就是反对当下,尤其是反对当下的"理想"。这样的反对之所以出现,是因为未来不仅根据情况**将会**是什么来看,还根据情况**应该**是什么来看。换句话说,提出对未来的憧憬,就是参与尼采所谓"积极虚无主义"[2]。不是袖手旁观、任凭当下摧毁未来("消极虚无主义"),参与积极虚无主义,就是摧毁当下以创造未来,摧毁对于当下具有破坏性的理想,以便创造新的理想,带来我们想要的未来。

自由的国度和虚无主义者的家园

在本书之前的章节里,我们已经看到虚无主义存在于过去，存在于当下，因此也有各种理由相信虚无主义**将会**存在于未来。当然，我们也看到许多认为虚无主义**不应**存在于未来的论证，这些论证都指出这样的危险：我们越是虚无主义的，就越可能没有未来。从尼采哲学的视角出发，我们这里需要提出的问题是：**当下的理想究竟是什么，以至于为了创造一个没有虚无主义的未来，我们必须反对这些理想？**

尼采对这个问题的回答似乎是这样的，即我们必须反对禁欲主义的理想。这种理想在道德方面显现为自我牺牲的价值，在科学方面显现为真理的价值。禁欲主义的"不"，针对生命的"不"，已经变成道德的"不"（它要求我们压制自己的本能）和科学的"不"（它要求抛弃对立的视角）。但是，尼采想要我们对本能、多样性和生命说"是"。正是由于道德和科学是同一个"不"的两面，所以尼采才会主张禁欲主义的理想没有对立面。尼采不仅没有接受通常的观点，即科学是宗教的敌人，从而是禁欲主义理想的敌人，反而主张科学是禁欲主义理想最后的化身，就像宗教一样依赖于信仰[3]。

和尼采一样，阿伦特也认为我们应该挑战追寻真理的从尼采哲学的视角出发，我们这里需要提出的问题是：当下的理想究竟是什么，以至于为了创造一个没有虚无主义的未来，我们必须反对这些理想？

理想，以及这一理想唤起的对科学的信仰，因为这样的信仰在政治的死亡和原子弹的诞生中达到顶点。而且，由于尼采反对自我牺牲的理想，他的积极虚无主义会让他成为爱默生式自我依靠[①]和达尔文式自我克服之类反理想的鼓吹者。正如阿伦特所言，这样的个人主义式理想恰好能够导致他有意对抗的消极虚无主义的出现。尼采对他所谓"群居本能"的恐惧，或许阻碍了他如此思考，即群居不是因为虚无主义的**本能**，而是因为虚无主义的**体制**，这种体制只能由集体来挑战，而当我们尝试独自行动时，这种体制就会永恒化。

对波伏娃和阿伦特来说，如果我们想要创造一个免于虚无主义的未来，诸如自我依靠或自我克服式的个人主义理想，恰好是我们必须反对的东西。比如，在解释她1947年的美国之行时，波伏娃这样写道：

> 最令我震惊与沮丧的是，他们是那样的冷漠

[①] 拉尔夫·瓦尔多·爱默生（Ralph Waldo Emerson，1803—1882），美国著名思想家、文学家和演讲家，曾著有《依靠自我》（*Self Reliance*）等作品。

而同时又不是盲目或无意识的。他们清楚并谴责一千三百万黑人所受的压迫，南方人的极度贫穷，还有那亵渎着大城市的令人同样绝望的贫穷。他们每天都带着更加不祥的预感看着种族主义和反进步态度的兴起——某种法西斯主义的现身。他们知道他们的国家应该对世界的未来负责。但是，他们并没有觉得自己应该对什么事情负责，因为他们认为自己在这个世界上什么事都做不了。在二十岁的年纪，他们就已经确信他们的思想是无关紧要的，他们的善意不起作用："对每一个个体来说，美利坚太大又太重，他们改变不了它。"就在今晚，我清楚了这么多天来一直都在思考的东西。在美国，个人就是虚无。他被置入一个抽象的崇拜对象中；通过说服自己相信他的个人价值，他扼杀了位于他自身之内的集体性精神的觉醒。但是，通过以这种方式回到他自身，他被剥夺了任何具体的力量。[4]

这里，波伏娃明确指出，自我提升导致自我毁灭。美国是一个个人主义的国度，一个**完完全全个人主义的**国度。在那里，公民们应该拥有为追求幸福所必需的生活与自由。但是，波伏娃在美国发现的并非幸福，而是一个由个体组成的国家。这些个体是"那样的冷漠而同时又不是盲目或无意识的"。波伏娃所看到的美国人能够认识到，为了避免"某种法西斯主义的现身"，美国社会存在的贫穷、种族主义和压迫让政治变革显得绝对必要。但他们觉得，自己作为个体根本无力影响政治变革，以至于他们依靠个体力量唯一能达到的变化就是成为**冷漠无情的**人，也是他们仅有的回应。

波伏娃认为，美国人的冷漠是个体被"剥夺了任何具体的力量"的结果。这就与阿伦特的观点产生了关联。后者认为，我们应把虚无主义视为政治学的而非心理学的。波伏娃所描述的美国的无能为力的力量，正是阿伦特所描述的沙漠里的死气沉沉的生活：通过让自己变得冷漠无情来应对个体的无能为力感，就是通过**适应沙漠生活**来应对发现自己身处沙漠的痛苦。

我们之所以寻求适应，是因为一种把个人主义理想化、把自治作为幸福的关键来支持的体制，会让生活在这体制中的个体感觉他们**应该**是幸福的。与之相应，任何不幸都被视为某种错误的信号,但这种错误只与**个体**相关,而与**体制**无关。于是,只要个人主义和自治让我们痴迷于追求个人幸福,让我们认为自己的不幸会使自己成为必须被消除的异类,那么个人主义和自治就是破坏性的。

个人幸福的理想没有激发我们去发现他人是不是同样不幸,而是让我们恐惧自己的不幸被暴露给他人,于是假装自己很幸福,以免被视作异类。这样的恐惧还包含如下情况,即我们无法知道那些看上去幸福和正常的人们是否是一种伪装。另外,我们无法知道,尼采警告我们要远离的那个看上去幸福的群体,是否实际上只是由一些和我们一样生活在沙漠中的不幸个体组成。如果事实如此,那么我们只要还抱着逃离沙漠的希望的话,是不是就应该和这些个体进行接触。于是,一种建立在生命、自由和幸福追求基础上的体制,可以通过把死气沉沉、压迫和不幸当作**个人感受**,当作一种对于获得幸福的病态无能来对待,从而引发虚无主义。结果就是,我们用**改变自己**的虚无主义欲望,而非**改变这一体制**的政治要求来回应自己的痛苦。

技术与虚无主义

如果我们想要通过反对个人主义的理想，通过反对滋生这一理想的具有虚无主义导向的体制，来创造一个没有虚无主义的未来，那么我们就必须认识到，这样的体制不仅是政治性的，还是**技术性的**。或者更准确地说，我们必须认识到，我们的政治是技术性的，而我们的技术是政治性的。

说政治是技术性的，不仅仅是说我们通过技术参与政治。政治活动自然需要技术，比如我们用纸笔投票，或用推特组织一次抗议。然而技术也能影响甚至**塑造**我们的政治，比如我们理所当然地认为，只有那些出现在电脑屏幕上的政治活动选项才算可选项时，情况就是如此。

我们之所以视上述事实为理所当然，是因为我们相信技术并没有**独立**发挥作用的能力。主张技术本身确实具有引起变化的能力，听起来就像在主张技术是有生命的。即使是机器人能根据程序来自主活动，但编程还是由人类完成的。与此相应，我们倾向于认为，担心技术会对人做些什么是荒谬可笑的，因为我们应该担心的是人们滥用一种建立在生命、自由和幸福追求基础上的体制，可以通过把死气沉沉、压迫和不幸当作个人感受，当作一种对于获得幸福的病态无能来对待，从而引发虚无主义。结果就是，我们用改变自己的虚无主义欲望，而非改变这一体制的政治要求来回应自己的痛苦。

———————————————

技术。

上述观点，在技术哲学里以技术**工具**观或技术**中立**观而为人所知。海德格尔警告我们，这种观点恰恰可能是所有关于技术的观点中最危险的一种，因为它是最常见的那一种观点。因其与纳粹的合作而被迫离开学术界后，海德格尔20世纪50年代在德国发表了一系列公开演讲，尝试复活他的学术生涯，其中最有名的就是《技术的追问》。

在这篇演讲中，海德格尔提出，我们并没有认识到技术对我们做了什么，因为我们已经太过痴迷于技术能够让我们做的事情。我们能够用江河发电，能够把森林变成报纸，甚至能够把太阳能储存到蓄电池里。但是在海德格尔看来，正是这种把自然当作实现我们目的的手段，**定制**了我们的思维方式，让我们一厢情愿地认定能够控制技术——海德格尔这里呼应了尼采，把技术称作"统治意志"[5]——却无法认识到我们正在被技术控制。海德格尔力图证明，使用技术会让我们通过技术看待世界，根据技术的逻辑来思考。

海德格尔认为，技术的"本质"不在于其工具性，甚至不在于它是技术的，而在于其"解蔽方式"（way of

revealing)[6]。根据海德格尔，技术以一种特殊的方式为我们解蔽这个世界，但这种方式在现代发生了变化。传统的技术向我们解蔽的世界是强大的（powerful），比如风车能够显示风的强劲，桥能显示涉水的危险。但是，现代技术在一种完全不同的意义上向我们揭示了世界的强大——这个世界**充满能量**（full of power），而这种能量又可以为我们所用，可以储存起来随时使用。

现代技术的逻辑被海德格尔描述为"集置"（setting-in-order）[7]的逻辑。这种逻辑能够把现实——**所有的**现实——简化成手段与目的的逻辑，并主张每一种东西都只在我们为了获得我们想要的东西而使用它时才有意义。我们当然意识到了这种逻辑的无处不在，但是我们错误地假定我们行动的目的仅仅由我们、由人类来决定。于是我们假设，如果我们发现自己身处一个技术化的世界里工具性地思考，那仅仅因为我们在把技术当作工具来使用，当作实现**我们的**目标所使用的手段。

但是，海德格尔指出，如果说这些目的是我们的，那不是因为我们选择了它们，而是因为我们开始认同它们。当我们在机场本能地寻找附近有插座的位置时，我们认为我们只是在寻找最好的座位。但我们实际上是在根据对我的手机、电脑或者任何其他设备来说的"最好"选择着座位。而当我们出行时,毫无疑问我们会认为对我们来说带着这东西是"最好"的。换句话说,技术不仅在塑造着我们观察世界的方式,塑造着我们的行为方式,还在塑造着我们评价世界的方式,决定我定义何谓"最好",何谓"最坏"的方式。

技术能够让我们觉得越来越强大。但这是因为我们没有意识到,把现实简化成手段与目的的逻辑时,我们自身也越来越被这种逻辑所简化。当我们寻找一个插座来给设备充电时,我们没有意识到我们自身已经成为实现某种目的的手段,实现设备的目的的某种手段。在这样一种处境中,设备把我们变成了实现其目的的手段。**对设备来说**最好的东西,成了**对我们来说**最好的东西。

设备一再根据维持其自身正常运转的东西来要求我们安排自己的活动。我们甚至越来越多地中断自己的活动,以保证设备运行功能。通常不是我们选择这些功能并让设备运行。我们甚至不了解这些功能。设备通知我们需要下载一个更新,我们就点击下载;设备通知我们需要点击同意，我们就点击同意；设备通知我们需要重启设备，我们就点击重启；设备通知我们需要设立一个新密码，于是我们就输入一个密码——但只要设备通知我们它不接受我们的密码，并且建议我们如何输入**最好的**密码，我们就得一再尝试，直到得到设备的认同。

换句话说，技术是强大的，但我们并不强大。只有我们把自身的目的和我们的技术的目的结合，以至于在服务于我们的技术而行动时，我们觉得似乎是为了服务于自己而行动，我们才会感觉强大。但对海德格尔来说重要的是，不管我们是为了服务于技术还是我们自己，我们都只是根据**集置**的逻辑来行动。根据这样一种逻辑而生活，就已经变得非人化了。

在海德格尔看来，技术在把自然简化成可以按需召唤的能源的同时，也把人类简化成按需召唤的能源。在分析清楚了技术与虚无主义的关联之后，海德格尔警告，"全球诸民族都已经被拉入现代的权力范围中，虚无主义就是这些民族的世界历史性的运动"，因此"那些误以为自己摆脱了虚无主义的人们，也许最深刻地推动了虚无主义的发展"[8]。我们说技术为我们赋能，但那是因为我们打着提升技术的幌子提升自己。我们理所当然地认为，我们生活在一个"技术世界"。而且为了维持赋能的幻觉，维持这个世界**为我们**而存在的幻觉，我们重新定义自己为"技术性存在"[9]、"技术道德的造物"[10]和"信息化有机体"（*inforgs*）[11]等。于是，技术不仅决定了我们如何思考、如何行动、如何评价，还重新定义了做一个人意味着什么。

法国社会学家和神学家雅克·埃吕尔同样警告我们，那种我们控制着我们的技术的幻觉，让我们看不到技术对我们的控制已经发展到了何种严重的程度。在1977年的著作《技术体制》中，埃吕尔警告我们：技术不仅影响每个个体，还影响我们的政治。正如埃吕尔所言，我们不能相信"国家决定，技术服从"的"简单观念"，而"必须追问，谁在国家中出面，国家怎样出面，也就是说，在现实中而非理想主义的想象中，一个决定是如何得到落实的，是通过谁落实的"[12]。

埃吕尔指出，如果我们不了解技术的运行机制，我们就无法做出关于技术的决定。立法者于是不得不越来越多地倚重技术专家，以便制定关于技术的法律。但关于技术的法律必然会影响到同一群技术专家，所以埃吕尔质疑技术专家的客观中立性，因为任何危及技术的东西也会危及这些专家。

因此毫不令人惊讶的是，政治决定很难与技术进程发生冲突。与之相应，像脸书和谷歌这样的公司可以按照不仅危及个体用户，还危及整个社会的方式行动。然而技术公司既不担心用户的愤怒，也不担心社会的愤怒，因为比起技术公司对用户的依赖，用户现在更依赖技术公司。脸书和谷歌可以榨取我们——比如通过侵犯我们的隐私——就因为像所有的滥用者一样，它们知道我们别无选择。脸书和谷歌回应滥用指控的方式，就是坐视用户离开，因为它们知道我们最终还是会回来且更加依赖它们。

但是，正如海德格尔所指出的那样，脸书和谷歌这样的公司带给我们的真正危险，不是它们**侵犯**了我们的隐私，而是它们**重新定义**了我们对"隐私"的理解。脸书和谷歌——更不要说像苹果、亚马逊、Tinder和推特这样的技术公司了——只需要指出它们只是在给用户自己想要的东西，就可以为隐私侵犯行为辩护。如果用户想要社交，那么应用程序和设备就需要帮助他们发现可以交往的人，就需要为用户找到越来越多的方式去与别人越来越多地分享生活。更何况如果用户想要遇到**正确**的人、学习**正确**的事情、发现**正确**的产品，那么应用程序和设备就需要尽可能多地了解用户的活动和兴趣。

应用程序和设备都在研究用户，不仅把用户当作权力的来源，还当作信息的来源。为了发挥作用，技术总是要求更多的权力；而为了发挥作用，应用程序和设备总是要求得到更多的信息。然而，当我们被技术鼓动，向技术并通过技术共享越来越多的私人生活时，我们并没有感到自身已经被技术简化为实现**它们的**目的的手段，而是开始把共享的目的视为从来只是**我们的**目的。与之相应，必然会出现对用户信任的巨大滥用，只有在技术公司被发现未经允许便出售用户信息时，或者当数据泄露导致用户信息公开化时，才会让用户感到愤怒。因为用户被诱导，不把技术公司每天都在搞的信任滥用看作**侵犯**，而只是看作**想要社交**而必须付出的代价。

于是，对隐私的传统定义已经开始显得过时，而那些仍然想要根据更为传统的隐私定义生活的人们开始被视为**反社交的**。在一个社交已经成为常态的世界，被人看作反社交的，就是被看作**不正常的**。技术公司通过宣称它们在给用户想要的东西来为它们的行为辩护。但在一个技术化的世界,在一个人们如果不够技术化就会落伍的世界,我们越来越难以分辨,用户想要的东西究竟更多地由**欲望**来决定,还是由**恐惧**来决定。

当然,从海德格尔和埃吕尔的角度来看,技术既塑造了我们的欲望,又塑造了我们的恐惧,因此技术公司不能通过提及用户想要什么而为其行为辩护,因为用户想要的东西是由技术公司的这些行为所塑造的。技术的无处不在,已经不可能让我们从一个免受技术影响的视角来看待技术。但是,如果我们不能免于技术的影响,那么我们就不能对技术做出独立的判断。况且,如果我们生活在一个技术世界,那么这就意味着我们无法对我们生活于其中的这个世界做出独立的判断。于是,技术的进步会让我们感到越来越强大,但这种进步也让我们在政治上越来越无力。

从尼采的视角来看,我们发现自己之所以身处一个技术世界,是因为我们逃避孤独感、无力感甚至感受本身的虚无主义需要,让我们去寻求逃避**像人一样**感受的新方式。于是,我们不再通过想象进入像天堂、地狱那样的世界来逃避现实,而是通过电影和游戏机来逃避现实,进入像霍格沃茨和海拉鲁大陆那样的世界[①]。但从阿伦特的视角来看，我们发现自己存在于一个技术化的世界，不是因为人是虚无主义的，并且一直在寻找新的逃避形式，而是因为那允诺个体幸福却在制造个体痛苦的政治体制，让我们觉得我们只能个体性地面对我们的痛苦。于是，我们不再寻找像药物和心理疏导这样的心理疗法来帮助我们适应沙漠里死气沉沉的生活，而是寻找像网飞和Fitbit这样的技术疗法，来帮助我们适应技术世界里死气沉沉的生活。

换句话说，对尼采和阿伦特来说，技术进步是推动还是阻碍了虚无主义的发展，其实并不是问题。相反，唯一的问题应该是我们如何会把技术的进步等同于人类的进步，又如何阻止这种等同让我们继续对技术进步的虚无主义本性视而不见。

以虚无主义抗击虚无主义

如果我们在寻求一种方法，能够摧毁过去和当下那些

---

① 霍格沃茨是"哈利·波特"系列中的魔法学校。海拉鲁（Hyrule）是电子游戏《塞尔达传说：旷野之息》中的一处大陆的名字。

否定生活的价值，以便我们能够创造一个未来，把肯定生活的新价值作为基础，那么技术似乎具有实现这些目标所必需的破坏性和创造性潜能。然而在上一节里，我们看到技术产生的不是积极虚无主义，而主要是消极虚无主义。但具有讽刺性的是，问题似乎在于技术不像技术公司所宣称的那样具有"颠覆性"。

正如海德格尔与埃吕尔所证明的那样，技术当然是危险的，但是它们的危险并非表现为摧毁价值，而是表现为重新定义我们的价值。技术进步创造了一个技术化的世界，但这个新世界仍然拥有旧价值。如果我们想要创造一个建基于新价值的未来，同时又无法想象一个非技术化的未来，那我们就得改变我们想象中可能的东西，或者改变技术进步的本性。

从伦理学和政治学的角度看，技术进步并非革命性的，而是完全**保守性的**。技术日益干涉我们过一种自治的生活的能力、理性思考的能力，还有以知道为真而非仅仅显现为真的东西为基础做决定的能力。但创造了这些技术的技术公司并没有通过鼓吹新价值或替换至少可追溯至启蒙运动时代的人文主义价值来为它们的干涉正名，如自治、理性和真理等。相反，技术公司否认其一切干涉是故意的，而且认为那些被批评者视作有意为之的行为只是开发一些工具的尝试。这些工具可以通过帮助我们变得更加自在、更加理性以及对真理更认可来支持人文主义的价值。

2018年4月10日，脸书首席执行官马克·扎克伯格受到国会传唤，为脸书在2016年美国总统选举受干涉丑闻中扮演的角色做证。扎克伯格并没有通过质疑民主的价值来为公司辩护。相反，他认为脸书是服务于民主的工具。扎克伯格承认，脸书作为一个工具可能会被误用，但保证会开发新的工具——比如能发现和删除"假新闻"的算法——来确保脸书的"工具被用来做好事"[13]。

但扎克伯格并不觉得需要对他所谓的"好事"下定义。这一省略揭示出一种视传统价值为理所当然，而非创造新价值的欲望。脸书或许有助于摧毁我们参与民主的传统手段——比如现在候选人举办的是虚拟市政厅会议，而公民们通过网络梗（meme）而非会议来讨论问题——但像参与民主这样的传统价值却仍然完好无缺。确实，脸书之所以陷入如此多的政治麻烦，很大程度上是因为它提供了如此多的参与民主的手段。

正如埃吕尔所预见的那样,民主国家正在转变为技术国家。但埃吕尔非常谨慎地指出,这样一种转变并不意味着创造了这些转变的技术专家或"技术人员"对创造新价值、创造一种**技术专家统治**抱有任何兴趣。埃吕尔写道:

> 这意味着一种技术专家统治的出现吗?在一种直接由技术人员施行的政治权力的意义上,在技术人员施行权力的欲望的意义上,绝不是。他们事实上对后一方面根本不感兴趣。很少有技术人员希望拥有政治权力。至于前一方面,它仍然是关于国家的传统分析的一部分:人们发现技术人员坐在政府部长的椅子上。但是,在技术的影响下,改变的是整个国家。人们可以说,将不再有更多(而且确实是越来越少)的政治权力(及其所有内涵:意识形态、权威、一个人主宰另一个人的权力,等等)。我们正在看着一个技术国家的诞生,它只不过是一种技术专家统治;这种新型国家首先拥有的是技术功能,是一种技术化组织,以及一种理性化的决策体制。[14]

正如埃吕尔所指出的那样，我们绝对不能这样假设，即正是因为像扎克伯格这样的技术人员握有对创造一个技术国家来说非常必要的权力，所以他们想要运用这一权力来实现任何与纯粹经济目的对立的伦理或政治目的。技术国家在埃吕尔看来只是被技术加强的官僚体制而非技术专家统治，因为能够统治的技术人员并没有统治的兴趣。于是技术人员所推动的，根本上是对政治不感兴趣的国家，只关心维持现状，只关心让国家的目标持续不断地出现，而真正发生变化的只是有助于这些目标实现的手段。

阿伦特把官僚体制的出现描述为"无人之统治"（no-man rule）[15]的出现。在官僚体制中，科学地测算怎么做对社会最好，并据此做出决策。这里的最好，不是针对任何具体的个人，而是针对"每个人"，针对统计学意义上的人，因为他**不是某个人**，所以代表**每个人**。同样，贯穿法国哲学家米歇尔·福柯著作的一个主题，就是在被统计模型和科学推理所主宰的社会里，所有人都被简化为能视作正常或"常态"分布的行为与性格特征。相应的，那被认为不正常、不典型的人，会被视为"非常态的"，被视为需要**去除**的统计学异常，而去除的手段，要么是教育，要么是法律，要么是医疗。

这种决策方法强而有力，因为它创造了一个几乎无法穿透的**客观性**光环。科学推理能够让官僚们轻松摆脱人们对其出于偏好与偏见行事的指责，因为他们只需要指出数据没有偏好，数学没有偏见。统计学论证甚至能够让种族主义和性别歧视看上去是**自然优势**而非**政治**优势的产物。但只要统计模型和科学推理仍出自人类之手，批评者将总是能够反驳官僚们的声明。他们会指出，计量也许没有偏见，但决定哪些东西需要衡量、如何衡量的人不可能没有偏见。

埃吕尔描述的技术国家并非对官僚国家的**破坏**，而是官僚国家的**完美状态**。如果公民想要生活在一个免于受利己主义官僚的腐败作为影响的国家，那么一个由机器来管理的国家看起来要比由人管理的国家更值得信任。基于这一原因，"智慧城市"[16]计划变得越来越受欢迎。由非人官僚——或者叫算法——进行的管理，能够让公民感到自己可以免受偏好与偏见的影响，也能够让政治领导人感到自己免受假公济私的**指控**。

因此，在一个技术化国家，无人之统治真的能够像这个词的字面意义那样，可以用算法执行的统计模型把人简化成数据集，而且那种让我们信任算法的科学推理也会把政治简化为成本效益分析。但再说一遍，必须认识到，这种对待人与政治的简化态度，不是一种全新的技术项目：这只是启蒙运动的顶点，也是创造一种人的科学这一项目的顶点。于是，即使我们赋予人工智能之类具有未来主义色彩的东西某种价值，这价值也不应该被视为新价值，而应该被视为装在闪闪发光的新盒子里的旧价值。

然而，正是因为技术进步并不像技术企业家们所宣称的，具备真正的革命性，技术才能够帮助我们战胜虚无主义。正如海德格尔所言，技术的本性是解蔽。如果技术无助于创造新价值，而只根据旧价值运行，那么由技术产生的虚无主义就有助于为我们解蔽这些价值的虚无主义本性。我们生活在一个技术化的世界，一个实现了启蒙运动梦想的世界。发现这个世界正在变得越来越虚无主义，就是去发现这些梦想实际上是噩梦，而我们需要在为时已晚前从这些噩梦中醒来。

技术也许不会创造新价值，但正在创造虚无主义的新形式[17]。正如尼采所主张的那样，我们有可能变得很虚无主义，从而具有巨大的破坏性，甚至会摧毁我们的虚无主义价值观和支持它们的虚无主义体制。因此，为了结束在一个充满希望的音符上，那么假设由技术进步孕育的虚无主义并没有让我们变得过于自毁，或许它反而会让我们具有足够的破坏性，迫使我们更具创造性。换句话说，如果虚无主义没有杀死我们，它或许会让我们变得更强壮。

由非人官僚——或者叫算法——进行的管理，能够让公民感到自己可以免受偏好与偏见的影响，也能够让政治领导人感到自己免受假公济私的指控。

———————————————————

词汇表

荒诞(Absurdity)

一个被存在主义哲学家所使用的概念,它关注的是,做人注定要在无意义之物中寻找意义,在混乱中寻找秩序。

本真性(Authenticity)

一个被存在主义哲学家所使用的概念,指的是在世存在的一种方式,后者面对的问题是做人意味着什么。

自律(Autonomy)

这个概念包括 *auto*("自我")和 *nomos*("法则"),可以理解为"自我立法",但是根据"自我"可以被理解为理性的自我(像在康德著作中那样)或欲望的自我(像在日常使用中那样),这个概念具有两种非常不同的意义。

决定论(Determinism)

一种哲学立场,主张个体的行为由某人或某事而非个体自身引起。

二元论(Dualism)

一种哲学立场,主张现实实际上由两种独立的现实组成,通常相关于心/身二元论,或相关于对精神现实与物理现实的区分。

认识论(Epistemology)

哲学的一个领域,关于什么东西可知、什么东西不可知的问题。(如:什么是知识?事实与意见之间的不同何在?)

伦理学(Ethics)

哲学的一个领域,它处理应该怎样生活和不应该怎样生活的问题。(如:什么是好的生活?我们应该根据原则还是可能的后果行动?)

存在主义(Existentialism)

一种哲学理论,主要关注做人意味着什么,特别关注人作为有限的造物且能认识到自己是有限的造物,活着意味着什么。

自由(Freedom)

这个概念主要被用于指人在某些方面不是被决定的,比如从伦理角度看(如是自治的而非他治的)或从政治角度看(如是一个公民而非奴隶)。

人文主义(Humanism)

一种可以追溯至启蒙运动的哲学理论,主要关注以人为中心的价值(如自治)的推进,反对宗教价值(如信仰)。

非本真性(Inauthenticity)

存在主义哲学家所使用的概念,表示一种在世存在方式,拒绝或逃避回答做人意味着什么的问题。

形而上学(Metaphysics)

哲学的一个领域,它处理关于经验现实的终极基础问题。(如:为什么某物存在而无倒不存在？存在者的存在是什么？）

虚无主义（Nihilism）

我真想把这个复杂的观念简化成一句话，以便能写在本书的封底上。

实证主义（Positivism）

哲学理论，主张现实通过科学的证明方法是客观可知的（如：事实声明可通过观察来证明，而不能被如此证明的声明是不真实的）。

后现代主义（Postmodernism）

作为一个术语，它总是被用于诋毁而非支持某些哲学立场，但作为一种哲学立场，它总是被用于指代一种观点，即意义不是客观的事实，而是社会的建构。

相对主义（Relativism）

一种哲学立场，主张任何被视为真的东西，都只对那些相信它为真的人而言；比如说，道德相对主义认为道德价值对不同的人来说有不同的意义，因此道德价值没有适用于所有时代所有人的普遍意义，从而无法证明拥有一套价值的一群人评判拥有另一套价值的另一群人的道德的正当性。

科学主义（Scientism）

一种认为科学能够而且应该解决所有问题的信念，当它发展到极端时，会变成一种对科学的宗教信仰，并假惺惺地拒绝所有传统的宗教信仰，认为它们是不科学的。

先验性（Transcendence）

超越经验，暗示着存在一个超越于经验之上的实在领域。

· 注 释

第一章 为什么"一切都无所谓"有所谓?

1 Vernon Parrington, *The Beginnings of Critical Realism in America* (London: Routledge, 2017), 146.

2 "Wendell Phillips Justifies Nihilism", *Los Angeles Herald*, July 28, 1881, 3. Available online: https://cdnc.ucr.edu/cgi-bin/cdnc?a=d&d=LAH18810728.2.20&dliv=none&e=-------en--20--1--txt-txIN--------1.

3 Jerry Seinfeld, "Show #1575", *Late Show with David Letterman*, CBS Network, March 21, 2001.

第二章 何谓虚无主义的历史?

1 Plato, *Republic*, trans. G. M. A. Grube (Indianapolis: Hackett, 1992), 187.

2 Plato, *Five Dialogues: Euthyphro, Apology, Crito, Meno, Phaedo*, trans. G. M. A. Grube (Indianapolis: Hackett, 2002), 41.

3 René Descartes, *Meditations on First Philosophy*, trans. John Cottingham (Cambridge: Cambridge University Press, 1986), 19.

4 David Hume, *A Treatise of Human Nature*, ed. David Fate Norton and Mary J. Norton (Oxford: Oxford University Press, 2000), 72.

5 Hume, *Treatise*, 175.

6 Immanuel Kant, *Critique of Pure Reason*, trans. Norman Kemp Smith

(Basingstoke: Palgrave Macmillan, 1929), 72.

7 Michael Allen Gillespie, *Nihilism before Nietzsche* (Chicago: University of Chicago Press, 1995), 65. ——原注。这里所谓"由康德激发的那种哲学",指的是费希特以绝对自我为核心的知识学。

8 Robert E. Helbling, *The Major Works of Heinrich von Kleist* (New York: New Directions, 1975), 24.

9 Friedrich Nietzsche, "Twilight of the Idols" in *The Portable Nietzsche*, ed. Walter Kaufmann (New York: Viking Penguin, 1954), 467.

10 https://www.britannica.com/biography/Elisabeth-Forster-Nietzsche.

11 Friedrich Nietzsche, *The Will to Power*, trans. Walter Kaufmann and R. J. Hollingdale (New York: Vintage Books, 1967), 7. Note is dated from 1885-1886.

12 Nietzsche, *Will to Power*, 9. Note is dated from Spring-Fall 1887.

13 Nietzsche, *Will to Power*, 14. Note is dated from Spring-Fall 1887.

14 Nietzsche, *Will to Power*, 17. Note is dated from Spring-Fall 1887.

15 Nietzsche, *Will to Power*, 23. Note is dated from November 1887-March 1888.

16 Friedrich Nietzsche, *On the Genealogy of Morals and Ecce Homo*, trans. Walter Kaufmann (New York: Vintage Books, 1989), 17.

17 Nietzsche, *Genealogy*, 38.

18 Nietzsche, *Genealogy*, 42.

19 Nietzsche, *Genealogy*, 35.

20 Nietzsche, *Genealogy*, 62.

21 Nietzsche, *Genealogy*, 97.

22 Nietzsche, *Genealogy*, 79.

23 Friedrich Nietzsche, *The Gay Science*, trans. Walter Kaufmann (New York: Random House, 1974), 181-182.

24 Nietzsche, *Will to Power*, 9.

25 关于这些方法的详细讨论,参见:Nolen Gertz, *Nihilism and Technology* (London: Rowman & Littlefield International, 2018)。

第三章 虚无主义（不）是什么？

1. Woody Allen, *Four Films of Woody Allen* (New York: Random House, 1982), 64.
2. http://daria.wikia.com/wiki/Daria_Morgendorffer.
3. Glenn Eichler, "The Misery Chick", *Daria*, MTV, July 21, 1997.
4. Nietzsche, *Genealogy*, 19.

第四章 虚无主义是什么？

1. 例如：Arthur Schopenhauer, *The World as Will and Representation: Volume 1* (trans. Christopher Janaway, Cambridge: Cambridge University Press, 2010)。
2. 例如：Julian Baggini, *What's It All About? Philosophy and the Meaning of Life* (London: Granta Books, 2004)。
3. Donald Crosby, *The Specter of the Absurd: Sources & Criticisms of Modern Nihilism* (Albany: State University of New York Press, 1988), 35.
4. James Tartaglia, *Philosophy in a Meaningless Life: A System of Nihilism, Consciousness and Reality* (London: Bloomsbury Academic, 2016), 38.
5. Tartaglia, *Philosophy in a Meaningless Life*, 44.
6. Jean-Paul Sartre, *Being and Nothingness*, trans. Hazel Barnes (New York: Washington Square Press, 1992), 725. 也参见：Jean-Paul Sartre, "The Humanism of Existentialism" in Jean-Paul Sartre, *Essays in Existentialism*, ed. Wade Baskin (New York: Citadel Press, 1965), 34。
7. Simone de Beauvoir, *The Second Sex*, trans. Constance Borde and Sheila Malovany-Chevallier (New York: Vintage Books, 2009), 283.
8. Jean-François Lyotard, *The Postmodern Condition: A Report on Knowledge*, trans. Geoff Bennington and Brian Massumi (Manchester: Manchester University Press, 1984), xxiii.
9. Lyotard, *The Postmodern Condition*, xxiv.
10. Simone de Beauvoir, *The Ethics of Ambiguity*, trans. Bernard Frechtman (New York: Citadel Press, 1948), 35ff.

11 De Beauvoir, *The Ethics of Ambiguity*, 52-53.

12 Søren Kierkegaard, *The Present Age*, trans. Alexander Dru (New York: Harper & Row, 1962), 34.

13 Hannah Arendt, *The Life of the Mind* (San Diego: Harcourt, 1978), 176.

第五章 虚无主义在何处？

1 Günther Anders, "The World as Phantom and as Matrix", *Dissent* 3:1 (Winter 1956), 14.

2 Theodor Adorno, "How to Look at Television" in *The Culture Industry*, ed. J. M. Bernstein (London: Routledge Classics, 2001), 158-177.

3 Paulo Freire, *Pedagogy of the Oppressed*, trans. Myra Bergman Ramos (New York: Continuum International, 1970), 71.

4 Freire, *Pedagogy*, 73-74.

5 Karl Marx, "From the First Manuscript: 'Alienated Labour,'" in *The Portable Karl Marx*, ed. Eugene Kamenka (New York: Viking Penguin, 1983), 133.

6 Marx, "Alienated Labour", 136.

7 Marx, "Alienated Labour", 137.

8 Plato, *Republic*, 257.

9 Marx, "Alienated Labour", 142.

10 Hannah Arendt, "Introduction *into* Politics" in Hannah Arendt, *The Promise of Politics*, ed. Jerome Kohn (New York: Schocken Books, 2005), 108.

11 Arendt, "Introduction", 117.

12 Arendt, "Introduction", 128-129.

13 Aristotle, *Nicomachean Ethics*, ed. Roger Crisp (Cambridge: Cambridge University Press, 2000), 11.

14 Arendt, "Introduction", 132-133.

15 Plato, *Republic*, 107.

16 Plato, *Republic*, 91. ——原注。柏拉图的"金属神话"具体内容如下："在我们的故事中，尽管所有人在这个城邦里都是兄弟，但神在塑造那些适宜担当统治重任的人时在他们身上掺了一些黄金，由于这个原因，他们是最珍贵的，神在那些助手身上掺了一些白银，在农夫和其他手艺人身上掺了铁和铜。虽然他们都有亲缘关系，一般来说有什么样的父亲就会生下什么样的儿子，但有时候也会有这样的情况，金的父亲生下银的儿子，银的父亲生下金的儿子，其他的也有类似情况，可以互生。因此神给统治者下的命令中首要的一条就是要他们精心保护和关注自己的后代，不让他们的灵魂混入低贱的金属，如果他们儿子的灵魂中混入了一些废铜烂铁，那么他们决不能姑息迁就，而应当把这些儿子放到与其本性相对应的位置上去，安置在手艺人或农夫之中。还有，如果手艺人和农夫竟然生了一个金的或银的儿子，那么他们就要重视这个儿子，提升他，让他担当卫士或助手的职责。须知有个神谕说，铜铁之人当政，国家便要倾覆。"（柏拉图：《柏拉图全集·第二卷》，王晓朝译，北京：人民出版社2003年版，第387页。）

17 Plato, *Republic*, 35-36.——原注。"谷格斯神话"主要内容如下：吕底亚人谷格斯是一个牧羊人，有一天放羊时遇到暴雨和地震，一道深渊出现在他面前。他走进深渊，看到一尊空心的铜马，里面躺着一具尸体，手上戴着一枚金戒指。他取下金戒指，返回地面。在牧羊人开例会汇报羊群情况时，他无意中把戒指的宝石朝向自己手心方向转动了一下，结果发现其他牧羊人都看不见他了。意识到自己有隐身本领后，谷格斯就设法担任牧羊人中拜见国王的使者。来到国王身边后，他勾引了王后，并与她合谋杀掉国王，霸占了整个王国。（参见柏拉图：《柏拉图全集·第二卷》，王晓朝译，北京：人民出版社2003年版，第315—316页。）

18 Arendt, "Introduction", 149.

19 Arendt, "Introduction", 153.

20 Arendt, "Introduction", 201.

21 Hannah Arendt, "Franz Kafka, Appreciated Anew" in Hannah Arendt, *Reflections on Literature and Culture*, ed. Susannah Young-ah Gottlieb (Stanford: Stanford University Press, 2007), 96.

22 Friedrich Nietzsche, *Twilight of the Idols*, trans. Duncan Large (Oxford: Oxford University Press, 1998), 70.
23 参见 Robin James, *Resilience & Melancholy: Pop Music, Feminism, Neoliberalism* (Winchester: Zero Books, 2015), 6-8。
24 Arendt, "Introduction", 204.

第六章 何谓虚无主义的未来?

1 Friedrich Nietzsche, *Beyond Good and Evil*, ed. Rolf-Peter Horstmann and Judith Norman (Cambridge: Cambridge University Press, 2002), 106.
2 Nietzsche, *Will to Power*, 17.
3 Nietzsche, *Genealogy*, 148-156. 也参见 Babette Babich, *Nietzsche's Philosophy of Science: Reflecting Science on the Ground of Art and Life* (Albany: State University of New York Press, 1994)。
4 Simone de Beauvoir, *America Day by Day*, trans. Carol Cosman (Berkeley: University of California Press, 1999), 94.
5 Martin Heidegger, "The Question Concerning Technology" in *The Question Concerning Technology and Other Essays*, trans. William Lovitt (New York: Harper & Row, 1977), 5.
6 Heidegger, "The Question Concerning Technology", 12.
7 Heidegger, "The Question Concerning Technology", 15.
8 Martin Heidegger, "The Word of Nietzsche: 'God Is Dead'" in *The Question Concerning Technology and Other Essays*, trans. William Lovitt (New York: Harper & Row, 1977), 63.
9 Peter-Paul Verbeek, *Moralizing Technology* (Chicago: University of Chicago Press, 2011), 4.
10 Shannon Vallor, "Moral Deskilling and Upskilling in a New Machine Age: Reflections on the Ambiguous Future of Character", *Philosophy of Technology* 28, no. 1 (2015), 118.

11 Luciano Floridi, *The Ethics of Information* (Oxford: Oxford University Press, 2013), 14.
12 Jacques Ellul, *The Technological System*, trans. Joachim Neugroschel (New York: Continuum, 1980), 130.
13 Issie Lapowsky, "If Congress Doesn't Understand Facebook, What Hope Do Its Users Have?", *Wired*, April 10, 2018, https://www.wired.com/story/mark-zuckerberg-congress-day-one. 也参见Nolen Gertz, "Is Facebook Just a 'Tool'?", *CIPS Blog*, April 14, 2018, http://www.cips-cepi.ca/2018/04/14/is-Facebook-just-a-tool。
14 Ellul, *The Technological System*, 59.
15 Hannah Arendt, *The Human Condition* (Chicago: University of Chicago Press, 1958), 40.
16 比如，参见 https://amsterdamsmartcity.com。
17 参见：Gertz, *Nihilism and Technology*。

参考文献

Adorno, Theodor. "How to Look at Television." In *The Culture Industry*, ed. J. M. Bernstein, London: Routledge Classics, 2001.

Allen, Woody. *Four Films of Woody Allen*. New York: Random House, 1982.

Anders, Günther. "The World as Phantom and as Matrix."*Dissent* 3:1 (Winter 1956): 14-24.

Arendt, Hannah. "Franz Kafka, Appreciated Anew." In *Reflections on Literature and Culture*, edited by Susannah Young-ah Gottlieb. Stanford: Stanford University Press, 2007.

Arendt, Hannah. *The Human Condition*. Chicago: University of Chicago Press, 1958.

Arendt, Hannah. "Introduction *into* Politics." In *The Promise of Politics*, edited by Jerome Kohn. New York: Schocken Books, 2005.

Arendt, Hannah. *The Life of the Mind*. San Diego: Harcourt, 1978.

Aristotle. *Nicomachean Ethics*. Edited by Roger Crisp. Cambridge: Cambridge University Press, 2000.

Babich, Babette. *Nietzsche's Philosophy of Science: Reflecting Science on the*

Ground of Art and Life. Albany: State University of New York Press, 1994.

Baggini, Julian. *What's It All About? Philosophy and the Meaning of Life*. London: Granta Books, 2004.

Beauvoir, Simone de. *America Day by Day*. Translated by Carol Cosman. Berkeley: University of California Press, 1999.

Beauvoir, Simone de. *The Ethics of Ambiguity*. Translated by Bernard Frechtman. New York: Citadel Press, 1948.

Beauvoir, Simone de. *The Second Sex*. Translated by Constance Borde and Sheila Malovany-Chevallier. New York: Vintage Books, 2009.

Byron, George G. *Selected Poetry of Lord Byron*. Edited by Leslie A. Marchand. New York: The Modern Library, 2001.

Crosby, Donald. *The Specter of the Absurd: Sources & Criticisms of Modern Nihilism*. Albany: State University of New York Press, 1988.

Descartes, René. *Meditations on First Philosophy*. Translated by John Cottingham. Cambridge: Cambridge University Press, 1986.

Eichler, Glenn. "The Misery Chick." *Daria*. MTV. July 21, 1997.

Ellul, Jacques. *The Technological System*. Translated by Joachim Neugroschel. New York: Continuum, 1980.

Floridi, Luciano. *The Ethics of Information*. Oxford: Oxford University Press, 2013.

Foucault, Michel. *Discipline and Punish*. Translated by Alan Sheridan. New York: Vintage Books, 1995.

Freire, Paulo. *Pedagogy of the Oppressed*. Translated by Myra Bergman Ramos. New York: Continuum International, 1970.

Gertz, Nolen. "Is Facebook Just a 'Tool'?" *CIPS Blog*, April 14, 2018, http://www.

cips-cepi.ca/2018/04/14/is-Facebook-just-a-tool.

Gertz, Nolen. *Nihilism and Technology*. London: Rowman & Littlefield International, 2018.

Goethe, Johann Wolfgang von.*Faust: A Tragedy*. Translated by Martin Greenberg. New Haven: Yale University Press, 2014.

Gillespie, Michael Allen. *Nihilism before Nietzsche*. Chicago: University of Chicago Press, 1995.

Heidegger, Martin. *Being and Time*. Translated by John Macquarrie and Edward Robinson. New York: Harper and Row, 1962.

Heidegger, Martin. "The Question Concerning Technology."In *The Question Concerning Technology and Other Essays*, translated by William Lovitt. New York: Harper & Row, 1977.

Heidegger, Martin. "The Word of Nietzsche: 'God Is Dead.'" In *The Question Concerning Technology and Other Essays*, translated by William Lovitt. New York: Harper & Row, 1977.

Helbling, Robert E. *The Major Works of Heinrich von Kleist*. New York: New Directions, 1975.

Hume, David. *A Treatise of Human Nature*. Edited by David Fate Norton and Mary J. Norton. Oxford: Oxford University Press, 2000.

James, Robin. *Resilience & Melancholy: Pop Music, Feminism, Neoliberalism*. Winchester: Zero Books, 2015.

Kant, Immanuel. *Critique of Pure Reason*. Translated by Norman Kemp Smith. Basingstoke: Palgrave Macmillan, 1929.

Kierkegaard, Søren. *The Concept of Anxiety*. Translated by Reidar Thomte.

Princeton: Princeton University Press, 1980.

Kierkegaard, Søren. *Fear and Trembling and The Sickness unto Death*. Translated by Walter Lowrie. Princeton: Princeton University Press, 2013.

Kierkegaard, Søren. *The Present Age*. Translated by Alexander Dru. New York: Harper & Row, 1962.

Lapowsky, Issie. "If Congress Doesn't Understand Facebook, What Hope Do Its Users Have?" *Wired*, April 10, 2018, https://www.wired.com/story/mark-zuckerberg-congress-day-one.

Lyotard, Jean-François. *The Postmodern Condition: A Report on Knowledge*. Translated by Geoff Bennington and Brian Massumi. Manchester: Manchester University Press, 1984.

Marx, Karl. "From the First Manuscript: 'Alienated Labour.'" In *The Portable Karl Marx*, edited by Eugene Kamenka. New York: Viking Penguin, 1983.

Nietzsche, Friedrich. *Anti-Education: On the Future of Our Educational Institutions*. Translated by Damion Searls. New York: NYRB Classics, 2015.

Nietzsche, Friedrich. *Beyond Good and Evil*. Edited by Rolf-Peter Horstmann and Judith Norman. Cambridge: Cambridge University Press, 2002.

Nietzsche, Friedrich. *The Gay Science*. Translated by Walter Kaufmann. New York: Random House, 1974.

Nietzsche, Friedrich. *On the Genealogy of Morals and Ecce Homo*. Translated by Walter Kaufmann. New York: Vintage Books, 1989.

Nietzsche, Friedrich. "Twilight of the Idols." In *The Portable Nietzsche*, edited by Walter Kaufmann. New York: Viking Penguin, 1954.

Nietzsche, Friedrich. *Twilight of the Idols*. Translated by Duncan Large. Oxford:

Oxford University Press, 1998.

Nietzsche, Friedrich. *The Will to Power*. Translated by Walter Kaufmann and R. J. Hollingdale. New York: Vintage Books, 1967.

Parrington, Vernon. *The Beginnings of Critical Realism in America*. London: Routledge, 2017.

Pascal, Blaise. *Pensées*. Translated by A. J. Krailsheimer. London, Penguin Books, 1995.

Plato. *Five Dialogues: Euthyphro, Apology, Crito, Meno, Phaedo*. Translated by G. M. A. Grube. Indianapolis: Hackett, 2002.

Plato. *Republic*. Translated by G. M. A. Grube. Indianapolis: Hackett, 1992.

Sartre, Jean-Paul. *Being and Nothingness*. Translated by Hazel Barnes. New York: Washington Square Press, 1992.

Sartre, Jean-Paul. "The Humanism of Existentialism." In *Essays in Existentialism*, edited by Wade Baskin. New York: Citadel Press, 1965.

Schopenhauer, Arthur. *The World as Will and Representation: Volume 1*. Translated by Christopher Janaway. Cambridge: Cambridge University Press, 2010.

Seinfeld, Jerry. "Show #1575." *Late Show with David Letterman*. CBS Network. March 21, 2001.

Tartaglia, James. *Philosophy in a Meaningless Life: A System of Nihilism, Consciousness and Reality*. London: Bloomsbury Academic, 2016.

Turgenev, Ivan. *Fathers and Sons*. Translated by Richard Freeborn. Oxford: Oxford University Press, 2008.

Vallor, Shannon. "Moral Deskilling and Upskilling in a New Machine Age: Reflections on the Ambiguous Future of Character." *Philosophy of Technology*

28, no. 1 (2015): 107-124.

Verbeek, Peter-Paul. *Moralizing Technology*. Chicago: University of Chicago Press, 2011.

"Wendell Phillips Justifies Nihilism." *Los Angeles Herald*. July 28, 1881. Page 3. Available online: https://cdnc.ucr.edu/cgi-bin/cdnc?a=d&d=LAH18810728.2.20&dliv=none&e=-------en--20--1--txt-txIN--------1.

Wittgenstein, Ludwig. *Philosophical Investigations*. Translated by G. E. M. Anscombe, P. M. S. Hacker, and Joachim Schulte. Oxford: Blackwell Publishing, 2009.

延伸阅读

Adorno, Theodor. *The Culture Industry*. Edited by J. M. Bernstein. London: Routledge Classics, 2001.

Babich, Babette. "*Ex aliquo nihil*: Nietzsche on Science, Anarchy, and Democratic Nihilism." *American Catholic Philosophical Quarterly* 84, no. 2 (2010): 231-256.

der Borg, Meerten, B. "The Problem of Nihilism: A Sociological Approach." *Sociological Analysis* 49, no. 1 (1988): 1-16.

Camus, Albert. *The Myth of Sisyphus and Other Essays*. Translated by Justin O'Brien. New York: Vintage International, 1991.

Deleuze, Gilles. *Nietzsche & Philosophy*. Translated by Hugh Tomlinson. New York: Columbia University Press, 1983.

Diken, Bülent. *Nihilism*. London: Routledge, 2008.

Dostoevsky, Fyodor. *Demons: A Novel in Three Parts*. Translated by Richard Pevear and Larissa Volokhonsky. New York: Vintage Books, 1994.

Heidegger, Martin. *The Question Concerning Technology and Other Essays*. Translated by William Lovitt. New York: Harper & Row, 1977.

Kafka, Franz. *The Trial*. Translated by Breon Mitchell. New York: Shocken Books, 1998.

Lebovic, Nitzan, and Roy Ben-Shai, eds. *The Politics of Nihilism: From the Nineteenth Century to Contemporary Israel*. New York: Bloomsbury Academic, 2014.

Löwith, Karl. "The Historical Background of European Nihilism." In *Nature, History and Existentialism: And Other Critical Essays in the Philosophy of History*, edited by Arnold Levison. Evanston: Northwestern University Press, 1966.

Pearson, Keith Ansell, and Diane Morgan, eds. *Nihilism Now! Monsters of Energy*. New York: Saint Martin's Press, 2000.

Rauschning, Hermann. *Revolution of Nihilism: Warning to the West*. Translated by E. W. Dickes. New York: Longmans, Green, 1939.

Warren, Calvin. "Black Nihilism & the Politics of Hope." *The New Centennial Review* 15, no. 1 (Spring 2015): 215-248.

Weil, Simone. *Gravity and Grace*. Translated by Emma Crawford and Mario van der Ruhr. London: Routledge Classics, 2002.

Weil, Simone. *The Need for Roots*. Translated by Arthur Wills. London: Routledge Classics, 2002.

Woodward, Ashley. *Nihilism in Postmodernity: Lyotard, Baudrillard, Vattimo*. Aurora: The Davies Group, 2009.

·索 引*

A

阿尔贝·加缪　Camus, Albert　82, 87, 96. 也参见存在主义（Existentialism）

阿图尔·叔本华　Schopenhauer, Arthur　62

艾迪·墨菲　Murphy, Eddie

《美国之旅》 *Coming to America*　134

艾恩·兰德　Rand, Ayn　102

B

保罗·弗莱雷　Freire, Paulo

　论教育　on education　117-125

　论压迫　on oppression　119-120, 122

《受压迫者教育学》 *Pedagogy of the Oppressed*　117

悲观主义　Pessimism　60-65, 68, 70, 73, 109

本质主义　Essentialism　87

---

* 本索引按照汉语拼音字母顺序重新编排，仍保留英文版页码（即本书页边码）。部分名称保留英文原名。

必死性　Mortality　44, 64, 81, 83, 157. 也参见死亡（Death）

柏拉图　Plato

　　《国家篇》　*Republic*　14, 16, 20, 32, 66-67, 134-136, 148

　　和苏格拉底　and Socrates　14-18

　　和亚里士多德　and Aristotle　18, 139

　　论政治　on politics　139, 145-149, 153

　　《申辩篇》　*Apology*　147

布莱斯·帕斯卡　Pascal, Blaise　45

C

查理·卓别林　Chaplin, Charlie

　　对资本主义　vs. capitalism　127

　　《摩登时代》　*Modern Times*　127

常态　Normalcy　5, 10, 57, 83, 111, 137-138, 159, 167, 177, 183

存在主义　Existentialism　81-88, 94-95, 102

D

《达莉亚》　*Daria*　69-70

《大卫深夜秀》　*Late Show with David Letterman*　4

大卫·休谟　Hume, David

　　对笛卡尔　vs. Descartes　23-24, 27-28

　　对康德　vs. Kant　28-33

　　论怀疑主义　on skepticism　23-28, 31-33

　　《人性论》　*Treatise of Human Nature, A*　23-28

道德　Morality　33-36, 41-51, 56, 64, 71, 74, 80, 120-122, 163

地狱　Hell　44-45, 178

电视　Television　9-10, 111-113, 116

E

俄国虚无主义者　Russian Nihilists　3, 36

恶或邪恶　Evil　19, 21, 23, 40-42, 44, 55, 87, 139

二元论　Dualism

　　心灵/身体　mind/body　22, 128-130

　　意志/理智　will/intellect　22

F

Fitbit　54, 178

法西斯主义　Fascism　83, 165-166

无动于衷　Apathy　68-73, 109, 165-167

反讽　Irony　72

反乌托邦主义　Dystopianism　68

反虚无主义　Antinihilism　17, 21-23, 159. 也参见自以为是（Self-righteousness）

非人化　Dehumanization　122, 125, 130, 136-138, 141, 158, 174. 也参见异化（Alienation）

非世界性　Worldlessness　154-155

费奥多·陀思妥耶夫斯基　Dostoyevsky, Fyodor

　　对卡夫卡　vs. Kafka　156-157

　　和尼采　and Nietzsche　156-157

佛教　Buddhism　56, 72

否定　Negation　74-75, 104

弗兰茨·卡夫卡　Kafka, Franz
   对陀思妥耶夫斯基　vs. Dostoyevsky　156-157
   和阿伦特　and Arendt　156-157
   《审判》　*Trial, The*　156

弗里德里希·尼采　Nietzsche, Friedrich
   对阿伦特　vs. Arendt　154-157, 163, 165, 169, 178
   对波伏娃　vs. Beauvoir　106
   对黑格尔　vs. Hegel　42
   对康德　vs. Kant　37, 41, 49
   对纳粹主义　vs. Nazism　37-38
   对塔尔塔利亚　vs. Tartaglia　76-81
   《反教育：论我们教育机构的未来》　"Anti-Education: On the Future of Our Educational Institutions"　161
   和海德格尔　and Heidegger　171
   和叔本华　and Schopenhauer　62
   和陀思妥耶夫斯基　and Dostoyevsky　156-157
   论道德　on morality　41-56, 71, 120
   《论道德的谱系》　*On the Genealogy of Morals*　40-56
   论积极虚无主义对消极虚无主义　on active vs. passive nihilism　39, 161-165, 179, 186
   论技术　on technology　178
   论科学　on science　55
   论权力意志　on the will to power　47-49

论上帝　on God　40, 44, 50-52, 55-56

论同情　on pity　71

论未来　on the future　161-163

论虚无主义　on nihilism　8, 36, 38-40, 49-57, 79-81, 99, 121-122, 186

论宗教　on religion　44-47, 49-52, 55-56

《瞧，这个人》 *Ecce Homo*　161

《权力意志》 *Will to Power, The*　38-40

《善恶的彼岸》 *Beyond Good and Evil*　161-162

弗里德里希·雅克比　Jacobi, Friedrich　32

G

赶时髦　Hipsterism　72

个人主义　Individualism　157-158, 165-169, 178

谷歌（公司）　Google (company)　149, 175-176

官僚制或官僚主义　Bureaucracy　150-151, 153-154, 156, 182-184

《广告狂人》 *Mad Men*　114

H

海因里希·冯·克莱斯特　Kleist, Heinrich von　32

汉娜·阿伦特　Arendt, Hannah

　对马克思　vs. Marx　154

　对尼采　vs. Nietzsche　154-157, 163, 165, 169, 178

　论个人主义　on individualism　154-159, 165, 167, 178

　论官僚体制　on bureaucracy　150-151, 154-159, 182-183

　论卡夫卡　on Kafka　156-157

论虚无主义　on nihilism　104-105, 159, 167

论政治　on politics　138-159

《心灵的生活》　*Life of the Mind, The*　104-105

《政治学"入"门》　"Introduction *into* Politics,"　138-159

合理性　Rationality　24-25, 34-35, 46, 103-104

红迪网　Reddit　54

后果论　Consequentialism　106-107

后现代主义　Postmodernism　88-95, 102

互联网　Internet　9

怀疑论或怀疑主义　Skepticism　6, 19, 23-24, 27, 31, 33, 65

荒诞　Absurdity　82-83

霍尔顿·考尔菲德　Caulfield, Holden　6

霍华德·比勒　Beale, Howard　6

J

J.K.罗琳　Rowling, J. K.　148

基础主义　Foundationalism　92-95

基督教　Christianity　18, 38, 41, 44-47, 49-51, 55-56, 153

技术　Technology　169-179

技术专家统治　Technocracy　181-182

价值　Values　3, 36, 39, 41, 43-47, 51, 55-56, 80, 90-92, 104, 121-122, 150, 179-181, 184, 186

僵尸　Zombies　130

焦虑　Anxiety　76-77, 81-82, 87, 99-101, 106, 109-110

教育　Education　116-124, 183

杰瑞·桑菲尔德　Seinfeld, Jerry　4-5

《桑菲尔德》　*Seinfeld*　10

解放　Liberation　141, 151

金特·安德斯　Anders, Günther

　　论通俗文化　on pop culture　111-114

《作为幻影和矩阵的世界》　"World as Phantom and as Matrix, The,"　111

进步　Progress　10, 25, 49, 55, 90, 127, 150-151, 153, 155, 175, 178-180, 184, 186

禁欲主义　Asceticism　47, 49, 51, 54, 56, 163

经验主义　Empiricism　24-25, 29-31

拒绝　Denial　74-75, 81. 也参见逃避主义（Escapism）、逃避（Evasion）

《绝命毒师》　*Breaking Bad*　114

K

卡尔·马克思　Marx, Karl

　　对阿伦特　vs. Arendt　154

　　对资本主义　vs. capitalism　125

　　论非人化　on dehumanization　125, 130, 136-137

　　论劳动　on labor　125-137

　　论异化　on alienation　125, 128-130, 135-136

　　《异化劳动》　"Alienated Labor"　50, 125

客观性　Objectivity　30, 55-56, 74, 143, 175, 183. 也参见确定性（Certainty）、科学（Science）、真理（Truth）

科学　Science　19, 22, 24, 30, 33-34, 55-56, 86, 88-95, 107, 149-151, 153, 155, 163, 182-184. 也参见确定性（Certainty）、信仰（Faith）、宗教（Religion）

索　引　225

L

乐观主义　Optimism　63-64, 73, 109. 也参见希望（Hope）、理想主义（Idealism）

勒内·笛卡尔　Descartes, René

《第一哲学沉思集》　*Meditations on First Philosophy*　19-22

 对康德　vs. Kant　31-32

 对休谟　vs. Hume　23-24, 27-28

 对亚里士多德　vs. Aristotle　17-18

 和波伏娃　and Beauvoir　96

 论"恶魔"　on the "Evil Demon"　19, 21

 论二元论　on dualism　22

 论怀疑论　on skepticism　19-24, 27

 论上帝存在的证明　on proof of God's existence　23-24

 作为反虚无主义者　as an antinihilist　21-23, 28

理性　Reason　30, 46, 135

理性主义　Rationalism　24, 31. 也参见唯心主义（Idealism）

丽莎·辛普森　Simpson, Lisa　6

脸书　Facebook　54, 175-176, 180-182

《了不起的勒布斯基》　*Big Lebowski, The*　10

灵魂　Soul　25, 46, 67, 148

路德维希·维特根斯坦　Wittgenstein, Ludwig　88

路德宗　Lutheranism　37

M

马丁·海德格尔　Heidegger, Martin

《存在与时间》　*Being and Time*　82

和存在主义　and existentialism　81-82, 85

和纳粹　and Nazism　170

和尼采　and Nietzsche　171

《技术的追问》　"Question Concerning Technology, The"　170-174

论技术　on technology　170-174, 176-177, 179, 184

论虚无主义　on nihilism　76, 174

马丁·路德·金　King Jr., Martin Luther　63

马克·扎克伯格　Zuckerberg, Mark　180-182. 也参见脸书（Facebook）

迈克·贾琦　Judge, Mike

　对资本主义　vs. capitalism　127

　《上班一条虫》　*Office Space*　127

美学　Aesthetics　24-25

米歇尔·福柯　Foucault, Michel　183

民主　Democracy　150, 180-181

N

纳粹或纳粹主义　Nazism　37-38, 83, 101, 170

奴隶制　Slavery　2, 42-46, 50, 52, 56, 141, 145, 151-152

P

偏见　Prejudice　25, 153-154, 183-184

苹果（公司）　Apple (company)　176

Q

启蒙运动　Enlightenment, the　13, 151, 180, 184, 186

乔治·A.罗梅罗　Romero, George A. 也参见僵尸（Zombies）
　　对资本主义　vs. capitalism　130
　　论活死人　on the living dead　130
乔治·拜伦（勋爵）　Byron, George (Lord)　36
　　《曼弗雷德》　*Manfred*　36
乔治·威廉·弗里德里希·黑格尔　Hegel, Georg Wilhelm Friedrich　42, 99
权利　Rights　97-98
《权力的游戏》　*Game of Thrones*　114
犬儒主义　Cynicism　64-68, 70, 73, 109
确定性　Certainty　16, 19, 22-24, 33, 124, 149-151

R

让－保罗·萨特　Sartre, Jean-Paul　82, 85, 87, 95, 96. 也参见存在主义（Existentialism）
让－弗朗索瓦·利奥塔　Lyotard, Jean-François
　　《后现代状况》　*Postmodern Condition, The*　88-92
　　论后现代主义　on postmodernism　88-96, 106
人道或人性　Humanity　2, 46, 50-55, 83, 89, 95, 96, 136-137, 150-151, 155, 174, 184
人工智能　Artificial intelligence　117, 184
人性　Human nature　2, 16, 23, 47-50, 54-56, 83, 85

S

上帝　God
　　的存在　existence of　23-24, 34

的死亡　death of　51-57

  作为"恶之父"　as "father of Evil"　40

  作为全能的　as omnipotent　50-52

  作为确定性的基础　as foundation for certainty　21

  作为耶稣　as Jesus　44

  作为意义之源　as source of meaning　63, 83, 85-87, 93-95

  作为罪恶之源　as source of guilt　47

生活或生命　Life

  的目的　purpose of　63, 65, 85, 98, 109

  的意义　meaning of　6, 32-33, 36, 73, 75-82, 87, 90, 99, 106, 109, 135, 137, 144, 147-148

实在、实在性、现实、现实性、真实或真实性　Reality　15, 17, 22, 30-32, 67-68, 92-93, 135-137, 144-145, 149-150, 172, 178

事实　Facts　10, 25, 93-95, 107

收音机　Radio　9, 111-112

斯多葛派　Stoicism　72

死气沉沉　Lifelessness　87, 155-156, 159, 167-169, 178

死亡　Death　22, 50-51, 60, 65, 80-87, 95, 100-102, 124, 148

苏格拉底　Socrates. 也参见柏拉图（Plato）

  的审判　trial of　16-17

  和柏拉图　and Plato　14-18

  论正义　on justice　14, 66-68

  论知识的基础　on the foundations of knowledge　14-18, 20-22, 33, 51, 134-135

  作为一个反虚无主义者　as an antinihilist　17, 21-22

索引　229

作为一个唯心主义者　as an idealist　67-68

作为哲学之父　as father of philosophy　13-14

作为自以为是者之父　as father of self-righteousness　13-14

算法　Algorithms　117, 184

索伦·克尔凯郭尔　Kierkegaard, Søren

《当下的时代》　*Present Age, The*　103-104

和存在主义　and existentialism　81-82

《焦虑的概念》　*Concept of Anxiety, The*　81

《恐惧与战栗》　*Fear and Trembling*　81

论虚无主义　on nihilism　103-104

《致死的疾病》　*Sickness unto Death, The*　81

T

唐·德雷珀　Draper, Don　114

唐纳德·克罗斯比　Crosby, Donald　73-74

《荒诞的幽灵》　*Specter of the Absurd, The*　73-74

逃避　Evasion

对焦虑的　of anxiety　82, 99-101, 106, 110

对人性的　of humanity　49-50, 54-56, 63, 74, 82, 95, 178

对生活的　of life　47, 49-50, 54, 57, 72, 74, 80-81, 83, 87, 179

对死亡的　of death　81-87, 95, 96, 101-102

对现实的　of reality　71, 93, 96-97, 114

对意义的　of meaning　38-39, 74, 87-96, 99-100, 102

对责任的　of responsibility　64, 85-87, 95, 97, 99-101

对政治的　of politics　139-140, 154

对自由的　of freedom　95, 96-97, 99-102, 110

逃避主义　Escapism　22, 27-28, 114, 157, 178. 也参见拒绝（Denial）、逃避（Evasion）

天堂　Heaven　44-45, 178

Tinder　54, 176

同情　Pity　71-72

推特　Twitter　169, 176

W

网飞　Netflix　178

唯我论　Solipsism　27

唯心主义　Idealism　也参见希望（Hope）、乐观主义（Optimism）、理性主义（Rationalism）

　作为一种生活方式　as a way of life　67-68, 73, 109

　作为一种哲学教义　as a philosophical doctrine　24, 31

伪善　Hypocrisy　10, 81

温德尔·菲利普斯　Phillips, Wendell　1-3

沃尔特·怀特　White, Walter　114

乌托邦主义　Utopianism　68, 139

无聊　Boredom　76-77

无神论　Atheism　10, 85

无意义性　Meaninglessness　10, 77, 93, 100, 135

索　引　231

伍迪·艾伦　Allen, Woody
　《安妮·霍尔》*Annie Hall*　62-63
　论悲观主义　on pessimism　60, 62-63

X

西奥多·阿多诺　Adorno, Theodor
　论通俗文化　on pop culture　112-114
　《怎样看电视》"How to Look at Television"　112
西蒙娜·德·波伏娃　Beauvoir, Simone de
　《暧昧的伦理》*Ethics of Ambiguity, The*　96-103
　《第二性》*Second Sex, The*　86-87
　对尼采　vs. Nietzsche　106
　和存在主义　and existentialism　82, 87-88, 96, 102
　和笛卡尔　and Descartes　96
　和后现代主义　and postmodernism　96, 102
　论个人主义　on individualism　165-167
　论虚无主义　on nihilism　98-106
　论意识　on seriousness　96-107
西格蒙德·弗洛伊德　Freud, Sigmund　15, 102
希望　Hope　60, 67, 155-156, 169, 186. 也参见唯心主义（Idealism）、乐观主义（Optimism）
闲暇　Leisure　111, 141, 145
相对主义　Relativism　75, 92
信仰　Faith　20, 23, 78, 81, 155, 163

形而上学　Metaphysics　13, 67, 77-79, 82, 128, 137, 153

幸福　Happiness　22, 35-36, 62-63, 70, 96, 107, 109, 129-130, 148-149, 159, 166-169, 178

性别歧视　Sexism　183

虚无　Nothingness　5-6, 63

虚无主义　Nihilism

　道德的　moral　74, 138

　的定义　definition of　3-6, 56, 75, 94, 98-99, 102, 104-107, 109, 174

　的根源　cause of　38, 49-51, 56, 87, 95, 110, 151, 158

　的类型学　typology of　74

　的逻辑　logic of　100, 110

　的首次使用　first use of　32

　和技术　and technology　169-179, 184-186

　和教育　and education　116-124, 137

　和通俗文化　and pop culture　10, 57, 110-116, 137

　和资本主义　and capitalism　124-137

　媒体中的　in the media　9

　认识论的　epistemological　33, 74

　生存论的　existential　33, 74

　消极的对积极的　active vs. passive　39, 162-165, 179, 186

　宇宙论的　cosmic　74, 138

　政治的　political　35, 74

　作为对虚无的信仰　as belief in nothing　4-8

　作为一种疾病　as a disease　49, 106, 110, 156-157

索　引　233

作为一种态度　as an attitude　74-75, 98-99, 106-107, 110, 137

作为一种文化现象　as a cultural phenomenon　80, 106

作为一种政治体制　as a political system　137-159, 165, 167, 169, 178

Y

压迫　Oppression　2-3, 35, 44, 119-120, 122, 165-166, 169

雅克·埃吕尔　Ellul, Jacques

  《技术体制》 *Technological System, The*　174-175, 181-182

  论技术　on technology　174-175, 177, 179, 181-184

  论技术专家统治　on technocracy　181-184

亚里士多德　Aristotle

  对笛卡尔　vs. Descartes　17-18

  和柏拉图　and Plato　18, 139

  论政治　on politics　139-141, 144

亚马逊（公司）　Amazon (company)　176

伊凡·屠格涅夫　Turgenev, Ivan　36

《父与子》 *Fathers and Sons*　36

伊丽莎白·福斯特－尼采　Förster-Nietzsche, Elisabeth　37

伊曼纽尔·康德　Kant, Immanuel

  对笛卡尔　vs. Descartes　31-32

  对尼采　vs. Nietzsche　37, 41, 49

  对休谟　vs. Hume　28-33

  论道德　on morality　33-36, 41, 49

  论知识　on knowledge　28-33

  作为虚无主义的根源　as source of nihilism　32-33, 36

异化　Alienation　128-130, 136. 也参见非人化（Dehumanization）

意志　Will　22

    权力　to power　47-49

    主宰　to mastery　171

约翰·沃尔夫冈·冯·歌德　Goethe, Johann Wolfgang von　36

《浮士德》*Faust*　36

Z

责任　Responsibility　52, 64, 85-87, 95, 97, 100-101, 121, 165-166

詹姆斯·塔尔塔利亚　Tartaglia, James

    对尼采　vs. Nietzsche　76-81

    论虚无主义　on nihilism　75-81, 100

《无意义生活中的哲学》*Philosophy in a Meaningless Life*　75

真理　Truth　17, 20-22, 30, 74, 90, 145-151, 163, 180

真实性　Authenticity　82

《真探》*True Detective*　10

政治或政治学　Politics　138-159, 169, 175, 179, 181-182, 184

种族主义　Racism　165-166, 183

资本主义　Capitalism　92, 125. 也参见卡尔·马克思（Marx, Karl）

自律　Autonomy　35, 167, 180. 也参见自由（Freedom）

自我　Self　25-27, 35, 51

自以为是　Self-righteousness　6-10. 也参见反虚无主义（Antinihilism）

自由　Freedom　21-22, 35-36, 80, 85-87, 95, 96-97, 99-102, 110, 139-146, 152-155. 也参见自律（Autonomy）

宗教　Religion　45, 55-56

图书在版编目（CIP）数据

虚无主义 /（荷）诺伦·格尔茨著；张红军译. —北京：商务印书馆，2022（2024.4重印）
（交界译丛）
ISBN 978 - 7 - 100 - 21047 - 8

Ⅰ.①虚… Ⅱ.①诺…②张… Ⅲ.①虚无主义—研究 Ⅳ.①B809

中国版本图书馆 CIP 数据核字（2022）第063535号

权利保留，侵权必究。

虚 无 主 义

〔荷〕诺伦·格尔茨 著

张红军 译

商 务 印 书 馆 出 版
（北京王府井大街36号 邮政编码100710）
商 务 印 书 馆 发 行
山西人民印刷有限责任公司印刷
ISBN 978 - 7 - 100 - 21047 - 8

2022年9月第1版	开本 787×1092 1/32
2024年4月第10次印刷	印张 8¼

定价：60.00元